# Gestión de quejas y reclamaciones en materia de consumo

Emilio José Checa Hinojo

**ic** editorial

**Gestión de quejas y reclamaciones en materia de consumo**
© Emilio José Checa Hinojo


1ª Edición

© IC Editorial, 2025

Editado por: IC Editorial
c/ Cueva de Viera, 2, Local 3
Centro Negocios CADI
29200 Antequera (Málaga)
Teléfono: 952 70 60 04
Fax: 952 84 55 03
Correo electrónico: iceditorial@iceditorial.com
Internet: www.iceditorial.com

ISBN: 978-84-1184-735-3
Depósito Legal: MA 583-2025


Impresión: PODiPrint
Impreso en Andalucía – España

Nota de la editorial: IC Editorial pertenece a Innovación y Cualificación S. L.

## Presentación del manual

El **Certificado de Profesionalidad** es el instrumento de acreditación, en el ámbito de la Administración laboral, de las cualificaciones profesionales del Catálogo Nacional de Cualificaciones Profesionales adquiridas a través de procesos formativos o del proceso de reconocimiento de la experiencia laboral y de vías no formales de formación.

El elemento mínimo acreditable es la **Unidad de Competencia.** La suma de las acreditaciones de las unidades de competencia conforma la acreditación de la competencia general.

Una **Unidad de Competencia** se define como una agrupación de tareas productivas específica que realiza el profesional. Las diferentes unidades de competencia de un certificado de profesionalidad conforman la **Competencia General,** definiendo el conjunto de conocimientos y capacidades que permiten el ejercicio de una actividad profesional determinada.

Cada **Unidad de Competencia** lleva asociado un **Módulo Formativo,** donde se describe la formación necesaria para adquirir esa **Unidad de Competencia,** pudiendo dividirse en **Unidades Formativas.**

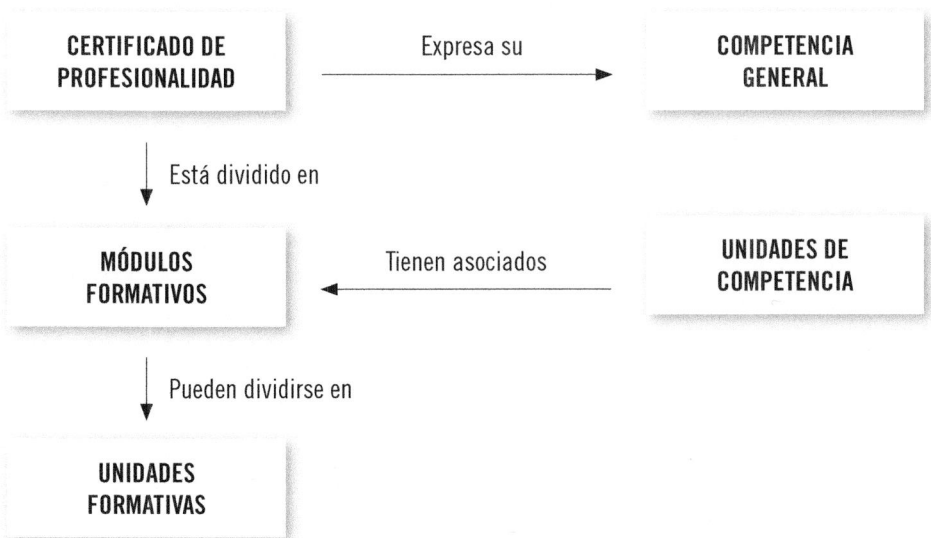

El presente manual desarrolla el Módulo Formativo **MF0245_3: Gestión de quejas y reclamaciones en materia de consumo,**

asociado a la unidad de competencia **UC0245_3: Gestionar las quejas y reclamaciones del cliente / consumidor / usuario,**

del Certificado de Profesionalidad **Atención al cliente, consumidor o usuario.**

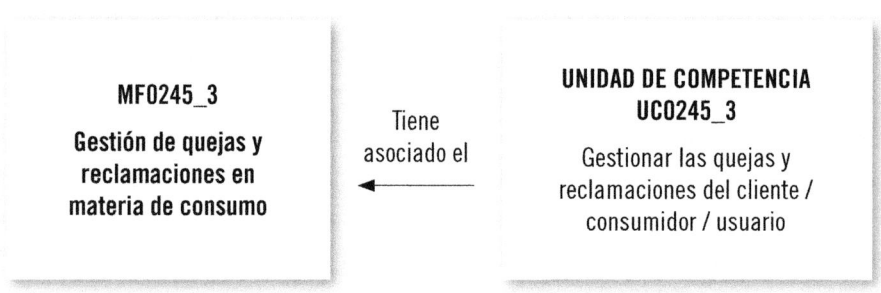

**MF0245_3**

**Gestión de quejas y reclamaciones en materia de consumo**

Tiene asociado el

**UNIDAD DE COMPETENCIA UC0245_3**

Gestionar las quejas y reclamaciones del cliente / consumidor / usuario

# FICHA DE CERTIFICADO DE PROFESIONALIDAD

## (COMT0110) ATENCIÓN AL CLIENTE, CONSUMIDOR O USUARIO (R. D. 1522/2011, de 31 de octubre)

**COMPETENCIA GENERAL:** Gestionar y ejecutar los planes de atención al cliente/consumidor/usuario de bienes y servicios, de acuerdo con la normativa y legislación vigente en materia de consumo, los procedimientos establecidos y las especificaciones recibidas.

| Cualificación profesional de referencia | | Unidades de competencia | Ocupaciones o puestos de trabajo relacionados: |
|---|---|---|---|
| COM087_3 ATENCIÓN AL CLIENTE, CONSUMIDOR O USUARIO<br><br>(R. D. 295/2004, de 20 de febrero y modificaciones R. D. 109/2008, de 1 de febrero) | UC0241_2 | Ejecutar las acciones del servicio de atención al cliente, consumidor y usuario. | • 4411.1018 Encargados/as del área de atención al cliente en comercios.<br>• 4500.1019 Empleados/as administrativos con tareas de atención al público no clasificados bajo otros epígrafes.<br>• 3160.1018 Técnicos/as en consumo.<br>• Técnico/a de información/atención al cliente en empresas.<br>• Técnico/a en consumo de las oficinas de información al consumidor de las Administraciones Públicas.<br>• Técnico/a en consumo en los organismos públicos y privados de defensa de los consumidores.<br>• Técnico/a en consumo de las cooperativas de consumo. |
| | UC0245_3 | Gestionar las quejas y reclamaciones del cliente / consumidor / usuario. | |
| | UC0246_3 | Obtener, organizar y gestionar la información y documentación en materia de consumo. | |
| | UC1002_2 | Comunicarse en inglés con un nivel de usuario independiente, en actividades comerciales | |

## Correspondencia con el Catálogo Modular de Formación Profesional

| Módulos certificado | Unidades formativas | Horas |
|---|---|---|
| MF0241_2: Información y atención al cliente / consumidor / usuario | UF0036: Gestión de la atención al cliente / consumidor | 60 |
| | UF0037: Técnicas de información y atención al cliente / consumidor | 60 |
| **MF0245_3: Gestión de quejas y reclamaciones en materia de consumo** | | 90 |
| MF0246_3: Organización de un sistema de información de consumo | UF1755: Sistemas de información y bases de datos en consumo | 60 |
| | UF1756: Documentación e informes en consumo | 60 |
| MF1002_2: Inglés profesional para actividades comerciales | | 90 |
| MP0374: Módulo de prácticas profesionales no laborales | | 40 |

# Índice

# Capítulo 1

# Marco de protección del cliente, consumidor y usuario en consumo

# Contenido

## 1. Introducción

Vivir en una sociedad dinámica con un elevado nivel de libre competencia empresarial, supone, presuponer la buena conducta de los ciudadanos y empresas, agentes de producción y consumo, a la hora de establecer relaciones entre ellos.

Pero esta relación basada en la buena fe y en el comportamiento moral no siempre es así, muchas veces surgen imperfecciones derivadas de relaciones comerciales engañosas, fraudulentas o simplemente equivocadas.

En este capítulo, se va a afrontar de manera directa el marco legislativo que pretende defender a los consumidores de estas posibles irregularidades apartadas de la buena fe de los agentes productores y de las consecuencias derivadas del proceso de compra.

De forma paralela, se van a exponer los procedimientos existentes para la protección del consumidor, de forma que, unido al marco legislativo otorgue al lector un conocimiento práctico a la hora de actuar en defensa de sus derechos como consumidor y usuario.

## 2. Conceptos básicos

El primer paso hacia el entendimiento de esta materia supone la introducción y clara delimitación de conceptos que se desarrollan en el entramado teórico que se desarrollará en este material. Para tal descripción, y en pro de la estandarización de conceptos, se tomarán como base las exposiciones desarrolladas en la Ley de Defensa de Consumidores y Usuarios.

### Consumidor y usuario

El artículo 3 de la Ley General para la Defensa de los Consumidores y Usuarios delimita este concepto como el que engloba a todas las personas tanto físicas como jurídicas, que no desarrollan actividad empresarial o profesional.

## Sabía que...

Se habla de consumidor y usuario como aspectos semejantes en su protección, en cambio existen diferencias en su concepto: mientras que un consumidor es aquella persona física o jurídica que consume un bien o servicio, mientras que el usuario es aquel que hace uso de un servicio, generalmente público sin ofrecer un precio a cambio...

Si bien es cierto, esta definición no debe llevarnos a error, puesto que el tratamiento de consumidor y usuario va más allá, es decir, una persona puede desarrollar una actividad empresarial y sin embargo ser considerado consumidor o usuario de otra distinta.

## Ejemplo

Paqui, modista desde los 16 años, tiene una tienda de ropa desde hace 5 años, Confecciones Paqui, S. L. U. Su punto fuerte es el impecable servicio al cliente. Las pasadas vacaciones de navidad, contrató con Viajes E. Quiñones, S. L. un viaje a China. Paqui, a pesar de ser empresa, es consumidora para Viajes E. Quiñones, S. L. Paqui es una persona que ejerce una actividad profesional y sin embargo es considerada consumidora porque la definición de consumidor o usuario no es genérica, sino que es establece en cada relación comercial y profesional.

## Empresario

El artículo 4 desarrolla este concepto como la persona física o jurídica que desarrolla una actividad comercial o profesional en una relación de entrega de productos o dispensa de servicios determinada.

## Productor o fabricante

La legislación contempla no solo a la persona que usa los recursos de los que dispone para elaborar un bien u ofrecer un servicio o que aparezca como tal en el envase, sino también para referirse al importador del bien o servicio en el territorio de la Unión Europea.

 **Actividades**

1. Esther e Isa tienen un despacho de abogados bajo la forma societaria Estherisa Abogadas, S. L., han tenido un problema porque el comercial que les vendió el ADSL les dio una información engañosa. Se deciden a reclamar.

   a. Identifique las partes asociadas a este conflicto.
   b. ¿Puede tomar Estherisa Abogados, S. L. acciones contra la compañía de ADSL/ Comercial al ser una empresa?

## 3. Normativa en defensa del consumidor

El primer paso en la andadura normativa que regula la defensa de los intereses de los consumidores y usuarios viene dado en la Constitución Española de 1978, otorgando la responsabilidad máxima de esta defensa al Estado, concretamente en el artículo 51 destaca la obligatoriedad de los poderes públicos de:

*Los poderes públicos garantizarán la defensa de los consumidores y usuarios, protegiendo, mediante procedimientos eficaces, la seguridad, la salud y los legítimos intereses económicos de los mismos.*

*Los poderes públicos promoverán la información y la educación de los consumidores y usuarios, fomentarán sus organizaciones y oirán a estas en las cuestiones que puedan afectar a aquellos, en los términos que la ley establezca.*

*En el marco de lo dispuesto por los apartados anteriores, la ley regulará el comercio interior y el régimen de autorización de productos comerciales.*

El siguiente paso en su desarrollo normativo queda reflejado en el Real Decreto Legislativo 1/2007, de 16 de noviembre, por el que se aprueba la Ley General para la Defensa de los Consumidores y Usuarios y otras leyes asociadas a este respecto (BOE número 287, de 30 de noviembre).

La responsabilidad en materia de defensa de los consumidores y usuarios está compartida a su vez con las comunidades autónomas en la medida en la que se ajusta a sus competencias y con otras medidas de carácter sectorial que contemplan el tratamiento legal de productos o servicios concretos.

## 3.1. Derechos y Deberes

El comportamiento de los consumidores y usuarios exige una dualidad en cuanto a derechos poseídos y obligaciones o deberes que acarrea la posesión de esos derechos.

A continuación, se tratarán de forma detallada cada uno de ellos.

### Derechos básicos de los consumidores y usuarios

Vienen establecidos en el Capítulo II de la Ley General para la Defensa de los Consumidores y Usuarios en el artículo 8 que los define considerando los siguientes derechos básicos:

1. La protección de los consumidores y usuarios contra aquellos riesgos que puedan afectar a su salud o seguridad, como por ejemplo el consumo de un alimento en mal estado.
2. Los derechos derivados de la protección de los intereses económicos y sociales, como la ocultación de información de productos, así como la inclusión de cláusulas abusivas en los contratos. En este último caso, en aplicación del artículo 19.1 de la ley, a partir de 2025 al empresario condenado a la restitución de las cantidades correspondientes se le podrá imponer de oficio una indemnización por mora cuando no haya contribuido a una solución consensuada.
3. Indemnizaciones por daños y perjuicios causados por el consumo de productos o servicios.

4. Acceso a la información correcta del producto, así como a las indicaciones correspondientes para su uso, tratamiento y custodia.

5. La audiencia de consulta, participación en el procedimiento de elaboración y la representación de sus intereses a través de asociaciones u otros tipos de entidades de consumidores y usuarios, sin ánimo de lucro y legalmente constituidas.

6. La protección de sus derechos mediante procedimientos eficaces, con especial hincapié en situaciones de inferioridad e indefensión del consumidor y usuario.

 **Sabía que...**

La Ley General para la Defensa de los Consumidores y Usuarios no da lugar a la renuncia posible de estos derechos por parte del consumidor, considerándola, en caso de darse, como "nula", siendo también nulos sus efectos (Art.10).

**Derechos sectoriales de los consumidores**

Además de los mencionados en el apartado anterior, la actual legislación contempla de forma concreta otros derechos de los consumidores relacionados con determinados sectores de actividad, tales como:

1. Derechos de los consumidores y usuarios de los servicios de telecomunicaciones.
2. Derechos de los pasajeros de transporte aéreo.
3. Derechos de los viajeros en autobús.
4. Derechos de los usuarios de seguros.
5. Los 10 principios básicos de la Unión Europea (Apartado 3).

## Deberes de los Consumidores

El hecho de ser considerado consumidor y usuario y tener asociados una serie de derechos, lleva consigo la existencia de una serie de deberes, entre los más importantes, se encuentran los siguientes:

1. Efectuar las compras de productos y el consumo de servicios bajo la regulación que establece el código de comercio, es decir, de acuerdo al marco legal establecido (facturas, documentos de pago, declaración fiscal si procede, etc.).
2. Ejercer las actuaciones de compra en base a la libertad de elección en base a la información disponible y clara sobre los productos o servicios adquiridos.
3. En caso de mediar contrato, leer y comprender adecuadamente todas y cada una de las partes que lo componen.
4. Exigir siempre comprobante de compra: factura o *tickets*.
5. Ejercer transparencia en el procedimiento de pago, de manera que quede reflejado legalmente en su totalidad.
6. Ejercer el consumo razonado de un determinado producto o servicio, es decir, recabar información sobre las distintas alternativas que ofrece el mercado para cubrir esa necesidad.
7. Exigir la garantía legalmente establecida (dos años para productos nuevos como norma general) así como materializar su cometido en el caso de ser necesaria.
8. Manipular y conservar el producto adquirido en las condiciones marcadas por el fabricante.

 Actividades

2. Toldos G. Amaleire, C.B. es proveedor de Antonio Inés, S. L. y ha sido notificado por este último de que va a ser reclamado ante la Junta Arbitral de consumidores y usuarios de la ciudad. ¿Es correcto es procedimiento? Razone su respuesta.

**Aplicación práctica**

José Urbano, aficionado a la Informática y gran amante de la fotografía, ha visto en el escaparate de un bazar oriental que han abierto en su barrio un pack de 100 DVD por tan solo 4,95 €. Sin dudarlo ha entrado y ha comprado 4 packs. El dependiente le ha dado un papel donde indica la cuenta, sin más detalle que la fecha y "Gracias por su visita". Orgulloso de su compra se dirige a su casa, donde le muestra a su mujer Carmela López su fantástica adquisición. Ella le dice, que a pesar de no entender de informática, "nadie regala duros a pesetas".

Esa noche José se acuesta a las 3 de la mañana grabando todas las fotos que tenía en su ordenador y liberando espacio en el disco duro que mucha falta le hacía.

El fin de semana, llegan sus hijos a casa, y José orgulloso tras contarles la hazaña en su compra, se dispone a mostrarles los DVD con las fotos. Tras comprobar varios de ellos, se da cuenta que no hay nada, que se han borrado y ha perdido su valioso archivo de fotos de tantos años...

¿Qué puede hacer José en función de los derechos y obligaciones que le otorga la Ley como Consumidor?

### SOLUCIÓN

Cierto es que José ha sufrido un gran desengaño con su compra debido a su mala calidad. Es cierto que en estos casos, él podría ejecutar su derecho a reclamar el daño y perjuicio sufrido por la mala calidad de los productos, puesto que no cumplen la función básica para la que han sido creados.

Pero, por otro lado, a la hora de reclamar poco puede hacer, puesto que para ejercer sus derechos debe haber cumplido una serie de deberes, y esto no ha sido así por varios motivos:

a. No tiene factura ni *tickets,* puesto que lo que tiene es un papel con una cuenta y una fecha que no sirve para demostrar una compra asociada a un establecimiento determinado.
b. No posee justificante de pago, de hecho ni siquiera aparece desglose de IVA correspondiente.

Por tal motivo, se comprueba claramente, que bien por exceso de confianza o bien por ser considerado una pequeña suma de dinero, José no ha cumplido sus deberes como consumidor y por lo tanto no puede exigir el ejercicio de los derechos asociados a este campo.

## 3.2. Legislación estatal, autonómica y local

El tratamiento legal de esta materia, debido a su importancia, se concreta en un entramado legislativo desarrollado en distintos niveles, utilizando criterios territoriales para su concreción, de manera que con las directrices europeas y base legal estatal, cada comunidad autónoma ha de desarrollar su propia legislación específica en materia de defensa de los derechos de consumidores y usuarios. Dejando el nivel local como nivel más específico de tratamiento en materia normativa.

### A nivel estatal

En España, el punto de partida en materia legal de defensa de consumidores y usuarios es La Constitución Española, como se ha indicado anteriormente, seguida de la Ley General para la Defensa de los Consumidores y Usuarios, que se desarrolla a lo largo de sus IV Libros, a través de Títulos y Capítulos compuestos de artículos, cuyo fin perseguido es el establecimiento marco de los derechos elementales de los consumidores y usuarios.

Esta ley, en base a los parámetros y principios enunciados por la Unión Europea y otros organismos internacionales, persigue la conformación de una guía básica sobre la que las comunidades autónomas, a través de un desarrollo concreto de acuerdo a sus competencias, homologuen los procedimientos normativos de protección de los derechos básicos de los consumidores y usuarios.

Existen otras legislaciones específicas de carácter nacional como por ejemplo:

- Ley 29/2009, de 30 de diciembre, modifica el régimen legal de la competencia desleal y de la publicidad para la mejora de la protección de los consumidores y usuarios.
- Ley 43/2007, de 13 de diciembre, de protección de los consumidores en la contratación de bienes con oferta de restitución del precio.

Estas legislaciones adicionales van forjando y consolidando el entramado legal que tiene como misión la protección general de los consumidores y usuarios españoles.

## A nivel autonómico

La legislación autonómica difiere según la comunidad autónoma de que se trate y las competencias en esta materia que tenga atribuidas. Como norma general, la mayoría de las comunidades autónomas han desarrollado la Ley de defensa de los consumidores y usuarios, especificando las peculiaridades de cada comunidad en relación con la distribución de funciones sobre las administraciones relacionadas.

En este nivel, las leyes de consumidores y usuarios se suelen denominar Ley del Estatuto de los Consumidores y Usuarios, o de Protección y Defensa de los Consumidores y Usuarios.

Junto a esto, también existen leyes de inspección de consumo y de creación de Institutos Autonómicos, como por ejemplo Castilla-La Mancha; o las Agencias Autonómicas de consumo como ocurre en Cataluña.

A continuación se hace referencia a algunos de los desarrollos legales autonómicos específicos relacionados con defensa y protección de los consumidores y usuarios:

| | |
|---|---|
| Andalucía | Ley 13/2003, de 17 de diciembre, de defensa y protección de los consumidores y usuarios de Andalucía |
| Aragón | Ley 16/2006, de 28 de diciembre, de protección y defensa de los consumidores y usuarios de Aragón |
| Canarias | Ley 3/2003, de 12 de febrero, del Estatuto de los consumidores y usuarios de la Comunidad Autónoma de Canarias |
| Cantabria | Ley 1/2006, de 7 de marzo, de defensa de los consumidores y usuarios |
| Castilla la Mancha | Ley 3/2019, de 22 de marzo, del Estatuto de las Personas Consumidoras en Castilla-La Mancha |
| Castilla y León | Ley 2/2015, de 4 de marzo, por la que se aprueba el Estatuto del Consumidor de Castilla y León |
| Cataluña | Ley 22/2010, de 20 de julio, del Código de consumo de Cataluña. Ley 18/2017, de 1 de agosto, de comercio, servicios y ferias |

Continúa en página siguiente >>

&lt;&lt; Viene de página anterior

| | |
|---|---|
| Ceuta (es un caso especial en el que las materias de consumidores son llevadas a cabo por el Estado) | Decreto de la Presidencia, de 23 de junio de 2023, por el que se establece la organización funcional de la Ciudad Autónoma de Ceuta |
| Comunidad de la Rioja | Ley 5/2013, de 12 de abril, para la defensa de los consumidores en la Comunidad Autónoma de La Rioja |
| Comunidad Valenciana | Decreto Legislativo 1/2019, de 13 de diciembre, del Consell, de aprobación del texto refundido de la Ley del Estatuto de las personas consumidoras y usuarias de la Comunitat Valenciana |
| Extremadura | Ley 6/2019, de 20 de febrero, del Estatuto de las personas consumidoras de Extremadura |
| Galicia | Ley 2/2012, de 28 de marzo, gallega de protección general de las personas consumidoras y usuarias |
| Illes Balears | Ley 7/2014, de 23 de julio, de protección de las personas consumidoras y usuarias de las Illes Balears |
| Madrid | Ley 11/1998, de 9 de julio, de protección de los consumidores y usuarios de la Comunidad de Madrid |
| Melilla (es un caso especial en el que las materias de consumidores son llevadas a cabo por el Estado) | Ley 39/2015, de 1 de octubre, del Procedimiento Administrativo Común de las Administraciones Públicas<br>Real Decreto 1381/1997, De 29 De Agosto, Sobre Traspaso De Funciones Y Servicios De La Administración Del Estado A La Ciudad De Melilla, En Materia De Defensa Del Consumidor Y Del Usuario |
| Navarra | Ley Foral 34/2022, de 12 de diciembre, reguladora del Estatuto de las personas consumidoras y usuarias |
| País Vasco | Ley 4/2023, de 27 de abril, del Estatuto de las personas consumidoras y usuarias |
| Principado de Asturias | Ley 11/2002, de 2 de diciembre, de los consumidores y usuarios, del Principado de Asturias |
| Región de Murcia | Ley 4/1996, de 14 de junio, del Estatuto de los consumidores y usuarios de la Región de Murcia<br>Ley 1/2008, de 21 de abril, por la que se modifica la Ley 4/1996 |

## A nivel local

Diputaciones, mancomunidades y ayuntamientos así como Asociaciones de consumidores son las encargadas de llevar a cabo el tratamiento legal de ámbito municipal. Sin embargo, sus competencias a la hora de definir o regular legalmente acciones sobre la protección de los consumidores y usuarios son aún más reducidas.

Su potestad legislativa se asocia a la emisión de ordenanzas, reglamentos, etc., que, bien a nivel genérico o bien de forma específica, desarrollan procedimientos normativos relacionados con la materia de protección de defensa de los derechos de los consumidores y usuarios.

 **Ejemplo**

### Ordenanza

Aprobación del acuerdo por el que se aprueba la Ordenanza que deroga la Ordenanza Municipal Reguladora de los Establecimientos de Aves, Huevos y Caza.

I Marginal: ANM 2013\40
I Fecha de Aprobación: 27/02/2013

### Publicaciones

I BO. Ayuntamiento de Madrid 08/03/2013 núm. 6876 pág. 9
I BO. Comunidad de Madrid 08/03/2013 núm. 57 pág. 89 - 90

### Texto

Primero.- Aprobar la Ordenanza por la que se deroga la Ordenanza Municipal Reguladora de los Establecimientos de Aves, Huevos y Caza, que se incorpora como Anexo al presente acuerdo.

Segundo.- Publicar en el «Boletín Oficial de la Comunidad de Madrid» este Acuerdo y el texto de la Ordenanza que constituye su objeto.

Continúa en página siguiente >>

<< Viene de página anterior

En cumplimiento de lo dispuesto en el artículo 48.3, e) de la Ley 22/2006, de 4 de julio, de Capitalidad y de Régimen Especial de Madrid, se procede a la publicación del texto aprobado.

Lo que se hace público para general conocimiento, advirtiéndose que dicho acuerdo agota la vía administrativa, pudiéndose interponer contra el mismo, en el plazo de dos meses, contados desde el día siguiente al de la publicación de este anuncio en el Boletín Oficial de la Comunidad de Madrid, recurso contencioso-administrativo ante la Sala de lo Contencioso-Administrativo del Tribunal Superior de Justicia de Madrid, de conformidad con lo dispuesto en los artículos 10 y 46.1 de la ley 29/1998, de 13 de julio, Reguladora de la Jurisdicción Contencioso-administrativa, sin perjuicio de cualquier otro que se estime oportuno.

---

## 3.3. Legislación Comunitaria

Para el marco de construcción de políticas europeas, el fomento de los derechos de los consumidores constituye un valor fundamental, por ello, en sus legislaciones, exige para todos aquellos países pertenecientes a la Unión Europea una garantía adicional para la protección de los intereses de los consumidores y usuarios; protección que desarrolla en 10 principios generales, teniendo en cuenta que la legislación de cada país será aún más protectora con las acciones de consumo de bienes y servicios de sus ciudadanos.

El marco comunitario establece diez principios básicos; estos son los siguientes:

1. Compre lo que quiera, donde quiera. Donde se da plena libertad al consumidor para ejercer su compra. Siempre sujeto a compras en base a la legalidad y el cumplimiento de las obligaciones fiscales.
2. Si no funciona, ¡devuélvalo! Reflejando el hecho de que el hecho de compra no sea un hecho puntual y aislado, sino que represente una relación causa-efecto entre comprador y vendedor.
3. Normas estrictas de seguridad alimentaria y relativas a otros bienes de consumo. Que tienen como misión la protección de la salud de los ciudadanos que la consumen o puedan consumirla. Por ejemplo, fechas de caducidad.

4. ¿Sabemos lo que comemos? Relativo a la identificación de la composición del producto alimenticio que se expone a la venta, en tal caso, se trata de ingredientes y proporciones de los mismos que posee el producto.

5. Los consumidores merecen todo el respeto, también en los contratos de venta. Este principio hace referencia a que se deben dejar claramente especificados, en el contrato de compraventa, el conjunto de elementos que están asociados a la compra, de manera que sean identificados y comprendidos por el cliente.

6. Cambiar de opinión, también está permitido. Se deja abierta la posibilidad a que un cliente pueda devolver un producto o cambiarlo a pesar de no poseer defectos, en un plazo relativamente corto (10, 15, 30 días), salvo excepciones, por ejemplo, empresas que poseen productos especiales de fidelización (tarjetas socio, etc.) que permiten ampliar estos plazos como valor añadido a este servicio.

   Por ejemplo, IKEA deja a sus asociados bajo la seña "IKEA Family" que la devolución de los productos se haga hasta 6 meses después de la compra. Siempre sujeta a determinadas condiciones de correcta conservación del producto a devolver.

7. Busque y compare... el mejor precio. La información de los productos debe estar abierta y disponible al cliente, de manera que sea posible que antes de materializar una compra, posea toda la información que considere necesaria para su decisión.

8. Practiquemos el juego limpio con los consumidores. Este principio concreta un llamamiento directo al "buen hacer" de las empresas con los consumidores y usuarios, intentando evitar el ejercicio de malas prácticas para conseguir una venta.

   Por ejemplo, la empresa VoZ.es ofrece a Carmen y Andreu un cambio de compañía de teléfono, para ello le ofrece dos terminales gratis y un precio mensual de 9 €, que incluye 200 min, durante un año. El matrimonio acepta y disfruta de 12 meses de este servicio, pero cuál es su sorpresa cuando al mes 13 les llega un cargo de 35 € por línea. Tras informarse en el servicio de atención al cliente descubren que esos 9 € eran un descuento que duraba 12 meses, y que llevaba implícito un periodo de permanencia de 24 meses y una penalización de 150 € por cancelación anticipada. Carmen y Andreu son entonces conscientes de que han sido víctimas de una mala práctica por parte del comercial.

9. Vacaciones y protección de derechos. Este principio especifica el campo específico de las vacaciones, tanto en su contratación como en su disfrute, de manera que el consumidor no vea vulnerados sus derechos. Por ejemplo, un consumidor ha comprado un viaje a una Agencia de Viajes esta cierra meses antes de iniciar el viaje, o el hotel no es el que se contrató, o tiene algún otro problema de no correspondencia entre lo pactado y lo recibido, el operador turístico tiene la obligación legal de hacerse cargo de la vuelta del cliente e indemnizarle por daños y perjuicios.

10. Indemnizaciones efectivas en caso de litigios transfronterizos. En relación al principio uno: "comprar donde el consumidor quiera y lo que quiera" se deriva este principio que se basa en la posibilidad del consumidor de reclamar compras engañosas o fraudulentas realizadas fuera de su entorno nacional.

 **Sabía que...**

A nivel europeo, existe la Red de centros europeos del consumidor (Red CEC) que tiene como función apoyar a los consumidores europeos, a través de la información y asesoramiento sobre sus derechos como consumidores y ciudadanos comunitarios.

 **Sabía que...**

Al hablar de malas prácticas en la venta, se está refiriendo al hecho de ocultar defectos, vicios o simples características del producto que, de ser conocidas *a priori* por el consumidor, este no llevaría a término la compra.

## 4. Instituciones y organismos de protección al consumidor

Con el objeto de llevar a cabo las pautas marcadas en la legislación, España cuenta con un entramado de organismos que tienen como misión la regulación del sistema de manera que cualquier consumidor pueda ejecutar sus derechos de manera clara y directa.

### 4.1. Principales Instituciones y organismos en materia de consumo

Para llevar a cabo la aplicación normativa en materia de defensa de derechos de los consumidores y usuarios, se hace necesaria la posesión de una serie de instituciones y organismos que, con funciones definidas y complementarias, se estructuren de forma eficiente para asegurar el cumplimiento de los procedimientos legales que garanticen sus derechos en esta materia.

**Agencia Española de Seguridad Alimentaria y Nutrición (AECOSAN)**

Organismo dependiente del Ministerio de Consumo y encargado de proteger la salud de las personas, promoviendo la seguridad alimentaria y una nutrición saludable.

*Web de la Agencia española de seguridad alimentaria y nutrición*

## Centro de Investigación y Control de la Calidad (CICC)

El Centro de Investigación y Control de la Calidad (CICC) es un organismo integrado en la Agencia Española de Consumo, Seguridad alimentaria y Nutrición y se compone de un conjunto de laboratorios encargados de realizar el análisis de productos presentes en el mercado español y verificar la conformidad de estos con la legislación vigente. Esta verificación de productos es realizada exclusivamente bajo la petición de Organismos de las Administraciones Públicas.

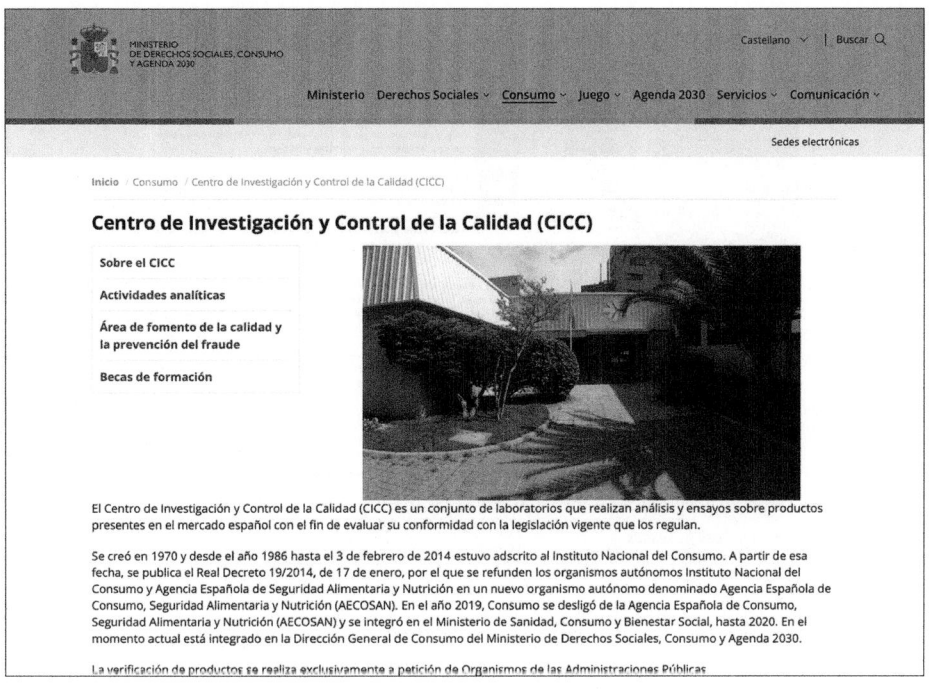

## Consejo de Consumidores y Usuarios

El Consejo de Consumidores y Usuarios se constituye en 1991 y se configura como un órgano de representación y consulta a escala nacional a través de las organizaciones de consumidores más representativas, para defender los intereses de los consumidores y usuarios e incidir en la toma de decisiones que se adopten por los poderes públicos en relación con la política de consumo.

Su actividad se desarrolla en pro de los consumidores; por una parte elaborando informes, estudios y dictámenes sobre aquellas materias que afecten a la vida diaria de los consumidores y usuarios y, por otra, participando en foros, tanto nacionales como comunitarios, en representación de los consumidores y usuarios.

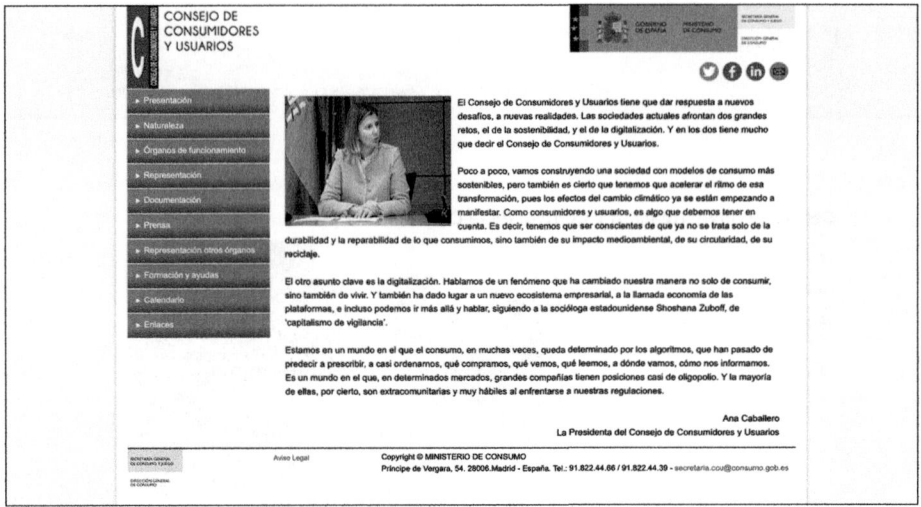

*Web del Consejo de Consumidores y Usuarios*

## Conferencia Sectorial de Consumo

La Conferencia Sectorial de Consumo está formada por un ministro (presidente) y todos los consejeros de consumo de las comunidades autónomas, Ceuta y Melilla. Además asisten pero sin derecho a voto los representantes de los organismos y departamentos ministeriales tales como: Agencia Española de Consumo, Seguridad Alimentaria y Nutrición y presidentes encargados de los ministerios en materias de Sanidad, Igualdad, Medioambiente, política territorial así como asuntos exteriores y cooperación, entre otros.

Sus funciones son las relacionadas con la coordinación de las distintas comunidades autónomas en materia de consumo, tanto entre ellas, como con la labor del estado. De ahí se derivan acciones concretas como la aprobación de los criterios conjuntos de actuación a través de la aprobación de planes y proyectos conjuntos, fomentar la participación de las comunidades autónomas en asuntos comunitarios, impulsar campañas de inspección y control.

Por otro lado, también tienen funciones para promover la promulgación de normativa oportuna en materia de consumo, al aunar en un solo debate las distintas visiones y situaciones de las comunidades autónomas.

## Comisión de Cooperación de Consumo

Este órgano es dependiente de la Conferencia Sectorial de Consumo, y tiene como cometido principal la cooperación, la comunicación y la información entre el Estado y las comunidades autónomas en aquellas materias de defensa de los derechos de consumidores y usuarios.

Se compone de La Presidencia, Vicepresidencia, Secretaría, El Pleno y aquellos Grupos de Trabajo que se constituyan. Y desarrolla las funciones marcadas por el artículo 3 desde su Estatuto aprobado en la reunión Nº 27 de la Conferencia Sectorial de Consumo, celebrada el 2 de marzo de 2011.

 **Nota**

Artículo 3. Funciones. Son funciones de la Comisión de Cooperación de Consumo:

1. La adopción de las decisiones y medidas pertinentes para la debida ejecución de los mandatos de la Conferencia Sectorial de Consumo. CCC Comisión de Cooperación de Consumo.
2. La constitución y el control de los Grupos de Trabajo técnico que considere necesarios para la mejor realización de sus fines.
3. La elevación, a la Conferencia Sectorial de Consumo, de las propuestas que considere necesarias para una mejor protección de los derechos de las personas consumidoras y usuarias.
4. El estudio y la discusión previa de los asuntos que hayan de ser sometidos al Pleno de la Conferencia Sectorial.
5. La elaboración de la propuesta del Orden del Día de cada sesión plenaria de la Conferencia Sectorial de Consumo que, junto a la documentación necesaria para su correcto tratamiento, se trasladará a la Secretaría de la Conferencia Sectorial.

## 4.2. Tipología

Siguiendo con la diferenciación territorial de competencias en materia de defensa de consumidores y usuarios, se distinguen en su ámbito de aplicación estatal, autonómica y local.

### Direcciones Generales de Consumo

Son los organismos de carácter autonómico, en función de las competencias atribuidas a la comunidad en materia de defensa de los consumidores y usuarios. Son las encargadas de concretar aspectos relacionados con la artesanía, el comercio, industria y navegación, planes de calidad, aspectos sanitarios como infraestructuras, etc. Siempre teniendo en cuenta que las funciones van a variar en función de la comunidad autónoma y las competencias que esta tenga atribuidas.

 **Actividades**

3. ¿Qué diferencia existe entre las direcciones generales de consumo y el INC?
4. ¿Qué semejanzas existen entre ambas entidades?

### Juntas Arbitrales de Consumo

Las juntas arbitrales son órganos administrativos que se encargan de gestionar el arbitraje, y están compuestas por un presidente y un secretario. Se encargan del trámite de las solicitudes de arbitraje entre consumidores y empresarios.

## Definición

**Arbitraje**

En derecho es la mediación destinada a solucionar conflictos sin llegar a los tribunales ordinarios. Se realiza a través de un tercero objetivo ante las partes que resuelva, emitiendo un laudo arbitral, de obligatorio cumplimiento para ambas partes.

Pueden ser de ámbito municipal, de mancomunidad, provincial y autonómico, pero todas dependen de una única Junta Arbitral Nacional, que recibe las solicitudes de arbitraje, cuyo ámbito territorial exceda del ámbito territorial contemplado, o que la empresa-empresario al que se solicita el arbitraje no está adherido a esa junta arbitral.

## Sabía que...

El Sistema de arbitraje viene regulado en el Real Decreto 713/2024, de 23 de julio, por el que se aprueba el Reglamento que regula el Sistema Arbitral de Consumo.

La ejecución primaria de acciones por parte de la junta arbitral es mediar entre empresario y consumidor para que se llegue a un común acuerdo para que, en el caso de no hacerlo, sea la junta quien resuelva el conflicto.

A cada ciudadano le corresponde al menos una junta arbitral que será la que abarque su domicilio de residencia, en el caso de que haya varias de ellas, le corresponderá la de menor ámbito territorial.

**?** Sabía que...

Existe otros tipos de juntas arbitrales como Las Juntas arbitrales de transporte que tienen por objeto resolver gratuitamente conflictos económicos inferiores a 6.000 € relacionados con el transporte terrestre, y Los Consejos arbitrales de vivienda, cuyo objeto es mediar en los conflictos relativos a los arrendamientos de viviendas de manera extrajudicial.

## Colegios Arbitrales

Los colegios arbitrales son designados para la resolución concreta de un conflicto planteado, de manera que lo solucionan de manera imparcial, independiente y confidencial. Los árbitros son designados por la administración pública entre todos los árbitros designados.

## Asociaciones de Consumidores y Usuarios

Este tipo de entidades surgen del derecho de asociación, y este derecho a la asociación tiene su origen en el artículo 22 de la Constitución Española de 1978, donde se indica lo siguiente:

1. *Se reconoce el derecho de asociación.*

2. *Las asociaciones que persigan fines o utilicen medios tipificados como delito son ilegales.*

3. *Las asociaciones constituidas al amparo de este artículo deberán inscribirse en un registro a los solos efectos de publicidad.*

4. *Las asociaciones solo podrán ser disueltas o suspendidas en sus actividades en virtud de resolución judicial motivada.*

5. *Se prohíben las asociaciones secretas y las de carácter paramilitar.*

Y el artículo 51.2, refiriéndose directamente a las organizaciones de consumidores y usuarios, las considera como organizaciones de consumidores y les atribuye funciones de defensa de los intereses legales de los consumidores.

Este carácter de herramientas de defensa que les otorga la constitución les da un importante papel institucional en el marco económico del país.

La finalidad que debe perseguir este tipo de asociaciones es la defensa de los intereses individuales y colectivos de los consumidores y usuarios. En cambio, La Unión Europea no exige que la finalidad de estas asociaciones sea única y exclusivamente la defensa de los derechos de los consumidores, basta con que sean organizaciones no gubernamentales sin ánimo de lucro y cuyos objetivos principales sean la promoción y protección de los consumidores.

*Ejemplo de Asociación de defensa de consumidores y usuarios a través de su plataforma web. La OCU es una organización privada y sin fines lucrativos y es independiente de intereses políticos y comerciales.*

### Oficinas Municipales de Información (OMIC)

Son entidades de carácter público territorial que tienen como misión informar directamente a los ciudadanos, de manera gratuita, sobre cuáles son los problemas a los que se pueden enfrentar en su consideración de consumidores y usuarios. Su misión básica es la orientación en base a la legislación existente respecto a reclamaciones de los consumidores.

Los usuarios pueden exponer sus quejas o consultas de forma presencial o a través de teléfono o *e-mail*, presentar hojas de reclamaciones o solicitar documentación referente a la acción de consumo.

Ejemplo de Hoja de Reclamaciones. Modelo de la Junta de Andalucía

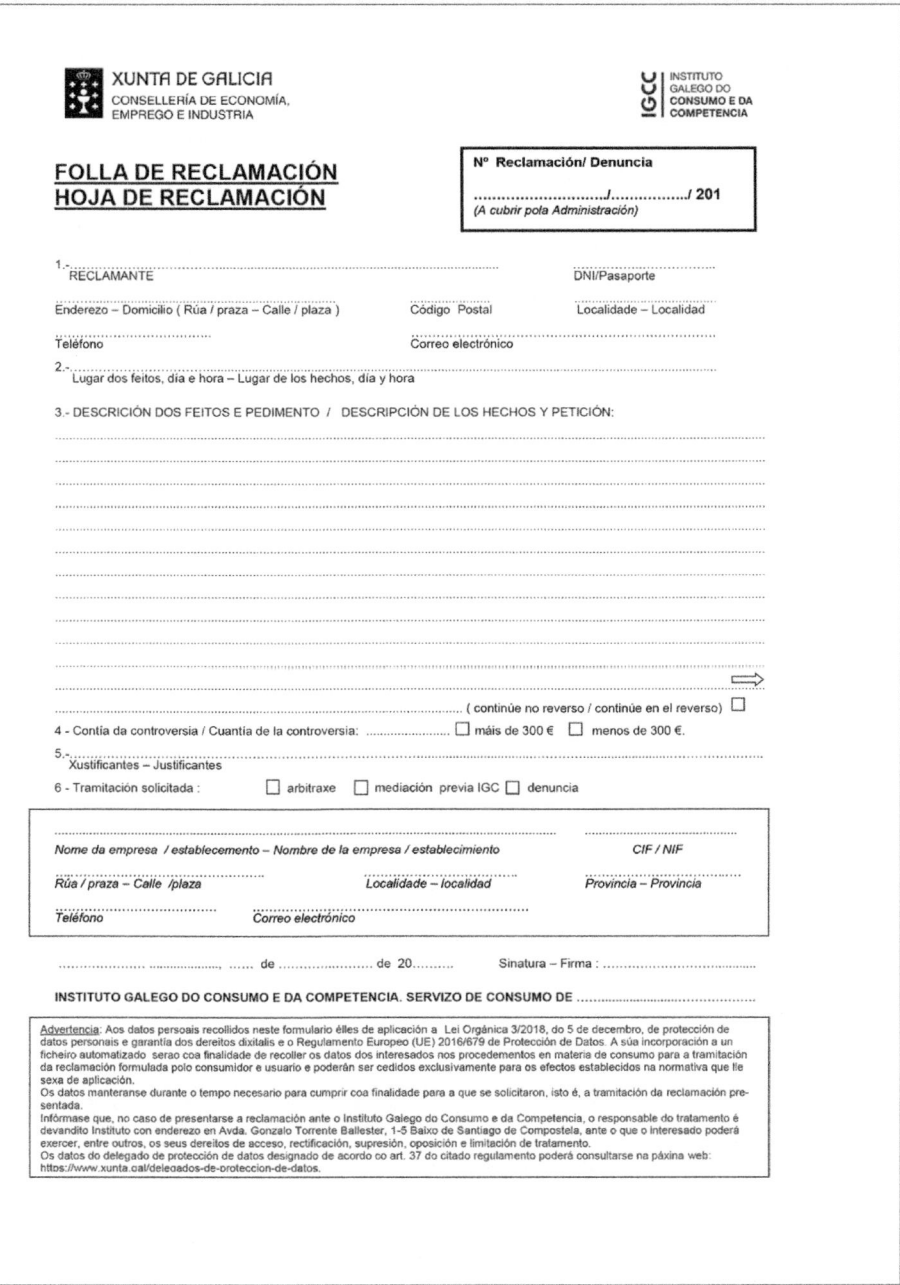

*Ejemplo de Hoja de Reclamación de Galicia*

Continúa en página siguiente >>

<< Viene de página anterior

$\Rightarrow$

........................................................................................................................

........................................................................................................................

........................................................................................................................

........................................................................................................................

........................................................................................................................

........................................................................................................................

........................................................................................................................

........................................................................................................................

........................................................................................................................

........................................................................................................................

........................................................................................................................

........................................................................................................................

........................................................................................................................

........................................................................................................................

........................................................................................................................

........................................................................................................................

........................................................................................................................

........................................................................................................................

........................................................................................................................

........................................................................................................................

........................................................................................................................

........................................................................................................................

........................................................................................................................

........................................................................................................................

## IMPORTANTE:

De solicitar a intervención da Xunta Arbitral de Consumo, para a resolución da declaración plantexada, ( recadro primeiro do apartado 5 do impreso ), deberá cumprimentar os datos seguintes:

D. / Dña ............................................................................................................. ...................con D.N.I............................

### SOLICITA :

1º No caso de non prosperar a mediación previa tramitada polo IGCC, que se traslade a reclamación á Xunta Arbitral de Consumo de Galicia para a súa resolución, comprometéndome a cumprir o laudo que, no seu caso se dite.

2º **Acepto a designación de árbitro único para a súa resolución** : ....................... ( SI / NON )

3º Designa a efectos de notificación, en virtude do artigo 5 apartado a  da Lei 60/2003 de 23 de decembro, de Arbitraxe, o

seguinte enderezo de correo electrónico / número de fax : ......................................................................................................

4º Subsidiariamente, e para o caso de que o reclamado non se someta á arbitraxe de consumo solicitada, que se inicie o correspondente procedemento sancionador se é o caso, para corrixir as irregularidades expostas.

..................................., .......... de ............................. de 20........   Sinatura – Firma: ................................

*Ejemplo de Hoja de Reclamación de Galicia*

Unido a esto, y de forma puntual en el tiempo, se pueden efectuar campañas de información de ámbito local sobre determinadas materias que puedan afectar a un considerable número de ciudadanos.

## 4.3. Competencias

Como se ha venido tratando a lo largo del apartado de normativa, las competencias en materia de defensa del consumidor dependen de la demarcación territorial que se tome como referencia, por tanto, para un mejor detalle, se tratarán estas competencias en distintos niveles en base a la demarcación territorial.

### Competencias del Estado

Corresponden al Estado las competencias genéricas de "promover y desarrollar" la protección y defensa de los consumidores y usuarios, a través de:

1. Elaboración del Reglamento General de la Ley, las reglamentación técnico-sanitaria, los reglamentos sobre etiquetado, imagen e información externa del producto, la ordenación sobre aditivos y las demás disposiciones de general aplicación en todo el territorio español.
2. Promocionar y en los casos que proceda, subvencionar las asociaciones de consumidores y usuarios.
3. Facilitar la actuación de las autoridades y corporaciones locales y de las comunidades autónomas y demás administraciones públicas.
4. Ejecutar las sanciones procedentes de acuerdo a sus normas reguladoras.
5. Adoptar cuantas medidas sean necesarias para el debido cumplimiento de lo establecido en la ley.

### Competencias de las comunidades autónomas

Se trata de concretar las labores de promoción y desarrollo de la protección y defensa de los consumidores y usuarios de acuerdo a las competencias otorgadas a cada comunidad en sus Estatutos y en su caso a las leyes orgánicas complementarias de transferencia de competencias.

La defensa del consumidor, por lo general, es una competencia que recogen los Estatutos de Autonomía, puesto que es una materia contemplada en la Constitución Española y en otras normativas específicas por sectores (sanidad, economía, etc.).

Si bien es cierto, cada comunidad realiza el desarrollo normativo y organizativo propio en ejercicio de la libertad que le otorga la competencia, pudiendo integrarla en mayor medida con otras materias.

## Competencias de las corporaciones locales

En este caso, se trata de dar un paso más en la concreción espacial de las competencias de promoción y defensa de los consumidores y usuarios, de acuerdo a la cadena de competencias originaria de Estado y comunidades autónomas.

En este ámbito las competencias se concretan de una forma más generalizada de acuerdo a los siguientes puntos:

1. Comprobar el origen de los productos, así como el aseguramiento de que cumplen los preceptos que marca la ley correspondiente.
2. La inspección sanitaria de los controles y análisis realizados a los productos.
3. El análisis de que los productos cumplen las normativas en materia de imagen, envase, etiqueta, publicidad y precio.
4. Información y educación de los consumidores y usuarios a través de oficinas en cada localidad.
5. Comprobar las condiciones de seguridad, higiene y sanidad de los productos y servicios ofrecidos por las empresas.
6. Apoyar el trabajo de asociaciones de consumidores y usuarios, así como fomentar su desarrollo.
7. Llevar a cabo el poder sancionador que le determinen sus normas y atribuciones competenciales.
8. Controlar los contenidos de los mensajes publicitarios de productos, con especial atención a los medios de difusión locales donde actúan.

## 4.4. Organigrama funcional

Como se ha indicado anteriormente, en base al artículo 51 de la Constitución y del texto refundido de la Ley General para la defensa de los Consumidores y Usuarios, el Instituto Nacional del Consumo es el organismo de la Administración General del Estado posee las funciones de promoción y fomento de los derechos de los consumidores y usuarios dentro del ámbito competencial de la Administración General del Estado.

### Órganos Rectores

La Agencia Española de Consumo Seguridad Alimentaria y Nutrición tiene dos órganos rectores:

- **Presidencia:** llevada a cabo por quien posee la titularidad de la Secretaría General de Sanidad y Consumo. Sus funciones son las siguientes:

  - Dirección estratégica de los planes generales, evaluación y control de los mismos.
  - Competencia de planificación presupuestaria.
  - Celebración de los contratos y convenios con entidades públicas y privadas en pro del cumplimiento de sus fines.
  - Dirección de personal y las relaciones institucionales.
  - La coordinación general de las unidades del Instituto.

- **Consejo de Dirección:** cuya función se basa en trabajar por conseguir la eficacia de la agencia con el cumplimiento de los objetivos asignados a su presidencia y ejercer la dirección superior de este organismo.

La Agencia Española de Consumo Seguridad Alimentaria y Nutrición cuenta además con una serie de Órganos de Dirección y Gestores, su detalle se relaciona a continuación:

- **Director Ejecutivo:** encargado de la representación legal del organismo y demás órganos relacionados con el asesoramiento y coordinación (Comisión Institucional, el Comité de Valoración, el Consejo Consultivo, el

Consejo de Consumidores y Usuarios y el Consejo General del Sistema Arbitral de Consumo).

Respecto a los Órganos Gestores, la estructura se compone de las siguientes unidades y centros, dependientes todas ellas del Director Ejecutivo:

■ Subdirecciones Generales y Unidades básicas:

▪ **Secretaria General:** con las funciones de coordinar las actuaciones de las Administraciones con competencias en materia de consumo, seguridad alimentaria y nutrición; además se encarga de identificar y coordinar los foros interterritoriales e intersectoriales en estas materias; y ha de crear y mantener medios necesarios para una actuación integrada entre la red europea de agencias u organismos de consumo, seguridad alimentaria y nutrición.

▪ **Subdirección General de Coordinación, Calidad y Cooperación en Consumo:** entre otras funciones se encarga de elaborar propuestas de ordenación en materia de bienes y servicios que hagan más eficaz la protección del consumidor, además de informar de los proyectos de normas y demás procedimientos que afecten a los productos y servicios de consumo no alimenticios. Por su parte, ha de impulsar una participación activa en gestión de los códigos de autorregulación en materia de publicidad de alimentos y bebidas. Además, se encarga de la realización de análisis y estudios sobre la calidad y seguridad de los alimentos, la formación y asesoramiento de personal técnico. Entre sus funciones se encuentra también la gestión del Registro Estatal de empresas de intermediación financiera, así como la resolución de procedimientos ocasionados a raíz de infracciones relacionadas con el mismo.

▪ **Subdirección General de Arbitraje y Derechos del Consumidor:** este organismo comparte con el anterior la función de elaborar propuestas de ordenación en materia de bienes y servicios que hagan más eficaz la protección del consumidor. Junto a ella, es el encargado de la ordenación y gestión del Sistema Arbitral de Consumo así como de la definición de criterios comunes en materia de consumo previa consulta con las Comunidades Autónomas. Además prepara acciones judiciales en defensa de los consumidores y fomenta y registra las asociaciones de consumidores y usuarios.

■ **Subdirección General de Promoción de la Seguridad Alimentaria:** entre sus principales funciones está la de proponer medidas de gestión del riesgo en alimentos y potenciar la simplificación y unificación de las normativas. Junto a esto ha de planificar, coordinar y desarrollar estrategias para enfermedades de transmisión alimentaria. También ha de gestionar el Registro General Sanitario de Empresas Alimentarias y Alimentos.

■ **Subdirección General de Coordinación de Alertas y Programación del Control Oficial:** se encarga de coordinar las actuaciones de las Administraciones públicas relacionadas con el control de alimentos, así como coordinar el funcionamiento de las redes de alerta existentes en territorio español.

 **Sabía que...**

Las redes de alerta existentes en territorio español vienen recogidas en el Real Decreto 697/2022, de 23 de agosto, por el que se aprueba el Estatuto del Organismo Autónomo Agencia Española de Seguridad Alimentaria y Nutrición, debiendo estar integradas en el ámbito europeo e internacional.

Además de lo anterior, existen una serie de centros adscritos, que potencian el desarrollo y aplicación de las estrategias marcadas de acuerdo a los objetivos de la Agencia Española de Consumo Seguridad Alimentaria y Nutrición. Estos centros son:

■ El Centro de Investigación y Control de la Calidad.
■ El Centro Nacional de Alimentación.
■ El Laboratorio de Biotoxinas Marinas.

**Actividades**

5. Indique las principales diferencias entre Subdirección General de Arbitraje y Derechos del Consumidor y Subdirección General de Promoción de la Seguridad Alimentaria.
6. ¿Cuál es la misión principal de los centros adscritos a la Agencia Española de Consumo Seguridad Alimentaria y Nutrición?

# 5. Procedimiento de protección al consumidor

A la hora de materializar el procedimiento de defensa del consumidor, se han de tener en cuenta una serie de pautas y procedimientos que ayuden a la mejor defensa del mismo, tanto en forma como en contenido. En este apartado se van a tratar las principales líneas de trabajo en este campo.

## 5.1. Procedimientos generales de defensa

El origen de un procedimiento de protección de un consumidor hace que se puedan distinguir dos tipos de procesos: los iniciados por entidades y organismos de protección del consumidor (procedimientos externos al consumidor) y los realizados a petición del consumidor. A continuación se detallará cada uno de ellos.

**Procedimiento colectivo y externo al consumidor**

Como se ha tratado en diferentes apartados de este capítulo, los organismos de defensa de los derechos del consumidor, en una de sus funciones se encuadra la necesidad de investigar las distintas composiciones y presentación de los productos para llevar a cabo una adecuada política de control de aspectos genéricos presentados en los productos, que puedan afectar la seguridad de consumidores y usuarios.

En este caso, son las propias entidades de consumidores y usuarios las que actúan en nombre propio contra aspectos que consideran inadecuados en los productos, para un consumo adecuado y seguro. De ahí que se hable de un procedimiento externo al consumidor y usuario, ya que, aunque se tenga en cuenta y se haga para su defensa, no se le incluye, a título nominativo dentro de la acción de reclamación; es la empresa la que en nombre propio y en pro de sus fines de defensa a los consumidores se pone en contacto con la empresa reclamada para solucionar el problema que crea la inseguridad en el consumo de su producto o servicio.

 **Ejemplo**

La empresa multinacional Hinojo Drinks, S. A., lanza al mercado una refrescante bebida isotónica a través de una campaña publicitaria en televisión que promociona el consumo de esta bebida entre adolescentes. El Instituto Nacional de Consumo, a través de su red organizativa, investiga la composición de esta bebida y descubre que incluye una sustancia estimulante que acelera el sistema nervioso. Por lo que procede a ponerse en comunicación con la empresa y organismos correspondientes, para paralizar su producción y/o distribución hasta que no se solventen los altos índices de estimulante.

**Procedimiento de reclamación directa por iniciativa del consumidor**

Este tipo de acción nace bajo la denuncia expresa y nominativa de un consumidor o usuario hacia una empresa productora determinada y bajo un hecho que se considera nocivo o inseguro, ya que supone riesgo o abuso para su consumo.

### *La reclamación en materia de consumo*

Se habla de una reclamación en este sentido cuando el consumidor se dirige al organismo competente para informar del conflicto que se le presenta en cuanto a la creencia de que se han vulnerado sus derechos como consumidor y usuario, identificando de manera clara y concisa la empresa o profesional que ha vendido el producto o prestado el servicio.

La reclamación ha de contener cuatro aspectos fundamentales:

1. Identificación del consumidor.
2. Identificación de la empresa.
3. Exposición de los hechos.
4. Planteamiento de resolución esperada.

No se debe olvidar, que la persona que ha de realizar la reclamación debe ser siempre el consumidor final o tutor/representante legal del mismo y ante una empresa o profesional, no hay lugar para este tipo de reclamaciones entre particulares ni entre empresas o profesionales.

**Protocolo de reclamación**

Para la reclamación legal y eficiente, se han de seguir una serie de pasos con unas pautas asociadas a cada uno de ellos, son los siguientes:

1. **Intento de resolución directa consumidor-empresario/profesional:** el primer paso que ha de dar un ciudadano ante un conflicto en su consumo es intentar una solución amistosa del mismo directamente con la empresa, a través de una exposición del caso. Es recomendable que estas comunicaciones sean por escrito y se guarde copia de ellas, a ser posible con registro de entrada o certificado de envío.
2. **Hojas de Reclamación:** en el caso de no dar lugar a una resolución amistosa el consumidor puede solicitar una hoja de reclamación, cuya posesión y disposición es obligatoria para los establecimientos.

Las Hojas de Reclamación son tres impresos auto copiantes, cada uno de un color diferente para su distinción:

- **Blanco:** destinado a la Administración a remitir directamente por el consumidor. Se puede incluir cualquier documentación que considere oportuna para la resolución del conflicto.
- **Verde:** para la custodia por parte del reclamante como comprobante de su gestión realizada.
- **Rosa:** ejemplar para el establecimiento.

Esta hoja debe contener los cuatro puntos anteriormente indicados en relación con la reclamación (Identificación de las partes, Exposición de los hechos y Petición de resolución).

 **Aplicación práctica**

**Dimas Lozano ha adquirido un portátil de marca blanca con procesador Pentium 25 por valor de 230 €. Sin embargo, al encenderlo se da cuenta que el sistema que lleva el equipo realmente es un Pentium 18, Dimas no sabe qué hacer para defenderse de esta venta engañosa, y tras apagar el ordenador coge rumbo a la oficina de consumo más cercana.**

**1. ¿Es correcta la actuación de Dimas?**
**2. ¿Le recomendaría alguna acción de mejora?**

**SOLUCIÓN**

No es correcta la acción de Dimas como consumidor, ya que el primer paso a realizar en estos casos es ir a la empresa que ha vendido el producto, con la factura e incluso el producto, y solicitar que se solvente el error en base a la buena fe de las partes y la resolución amistosa del problema.

Dimas debería intentar solucionar el conflicto con la empresa, y de no ser así puede acudir a una asociación de consumidores y usuarios, con las pruebas de la compra, para que le asesoren de los organismos a los que acudir o acciones a emprender desde las mismas.

 **Sabía que...**

Si el establecimiento se negara a dar la Hoja de reclamación, el consumidor se puede dirigir a cualquier oficina de consumo y denunciar tal circunstancia, siendo posible solicitar la presencia de la policía local para levantar acta de tal hecho.

## Oficinas de defensa del consumidor

Los consumidores pueden dirigirse a las oficinas de información al consumidor más cercanas a su domicilio o, en su caso, a las asociaciones de consumidores de la comunidad autónoma.

### *Procedimiento interno de la administración*

Las OMIC de la comunidad reciben las reclamaciones y las registran como primer paso, y a continuación pueden darse los siguientes casos:

1. **Se da una mediación entre las partes:** es voluntaria y gratuita. Donde la Administración comunica a la Empresa o profesional el hecho y solicita que proponga una solución en un plazo determinado de quince días. Si se llega a un acuerdo y finalmente la empresa no cumple su pacto, se ha de recurrir a la administración judicial como única vía posible, ya que la resolución de la mediación no es de obligatorio cumplimiento.

2. **Se procede a un Arbitraje de Consumo:** es también un procedimiento voluntario por ambas partes y gratuito. Voluntario bien por la adhesión de las empresas al arbitraje, es decir, la empresa presta su voluntariedad continuada respecto a los arbitrajes de una junta arbitral, o bien porque la empresa acepte un determinado arbitraje en cuestión. No todos los conflictos se pueden llevar a arbitraje (intoxicación, lesiones, muertes o indicios de delito quedan excluidos de este ámbito). El proceso se da cuando el Colegio Arbitral oye las partes en base a las pruebas presentadas y emite un laudo que es similar a una sentencia, debido a su carácter de obligatorio cumplimiento y es ejecutivo desde su notificación. En caso de incumplimiento se puede solicitar ejecución ante el juez de Primera Instancia, no siendo posible acudir a los tribunales por la misma causa.

3. **Se pasa a una inspección:** en este caso la Administración traslada la reclamación a los servicios de inspección porque se adviertan indicios de infracción, para que inicie un expediente sancionador, en este caso, el consumidor no forma parte del mismo, aunque sí posee derecho a ser informado. Con esto se consigue que se sigan realizando las infracciones para otros posibles consumidores y usuarios.

Suele tener una sanción económica y un desistimiento de la causa que originó el conflicto, debiendo reparar igualmente los daños causados; siendo necesario ir al arbitraje si el consumidor considera solicitar una indemnización por daños y perjuicios.

4. **Traslado a otro organismo:** por considerarse que no son de la competencia del mismo.

5. **Archivo de la reclamación:** por considerarse que no se ha producido la infracción o la misma no puede ser probada.

 Ejemplo

Lara C. D. es una joven universitaria que estudia Traductores en la Universidad de Granada. Un día, en pro de mejorar su conocimiento de francés decide comprar un curso. Curso que con el paso de los meses nunca llega a realizarse. Como acaba el curso y debe volver a su pueblo, exige a la academia que le devuelva la matrícula a lo que la academia se niega y le comunica que quizás el año que viene. Lara muy cabreada decide ir a una Asociación de Defensa al Consumidor donde le informan de los distintos procedimientos que puede seguir. Tras oír los pros y contras de cada uno de ellos se decide por un procedimiento arbitral, a sabiendas que con ello renuncia a cualquier otro tipo de reclamación extrajudicial.

### Tramitación por una asociación de consumidores

Si el consumidor opta por hacer la reclamación en una asociación de consumidores, esta se encargará de la tramitación de la reclamación, realizando acciones en nombre del consumidor o usuario, tales como escritos a la empresa o al profesional reclamado como a los organismos competentes. Si la negociación no llegara a buen puerto, ayuda a los consumidores a presentar una solicitud de arbitraje ante la Junta Arbitral de consumo competente o darle información respecto a la presentación de una demanda judicial o presentarla en su nombre, puesto que estas asociaciones poseen "Justicia gratuita".

**Reclamaciones en Tribunales de Justicia**

Esta vía supone un coste, si la reclamación es inferior a 2.000 € podrá demandar sin necesidad de abogado ni procurador. Si es superior a 2.000 e inferior a 6.000 € se reclama a través de un juicio verbal y si es superior a través de un juicio ordinario.

Tanto en el juicio verbal como en el ordinario se precisa de abogado y procurador, solicitados por el consumidor, actuarán de forma gratuita si el salario de la unidad familiar es inferior al doble del salario mínimo o se dan otras circunstancias familiares concretas.

 **Actividades**

7. Si el hecho reclamado supone una cuantía de 4.500 €, ¿qué alternativas judiciales tiene el consumidor?
8. ¿Y si la cuantía fuera de 300 € y quisiera reclamar por no estar conforme con el Laudo emitido por la Junta Arbitral?

## 5.2. Protección de datos y confidencialidad

Ley Orgánica 3/2018, de 5 de diciembre, de Protección de Datos Personales y garantía de los derechos digitales, es la base legal en España de la protección de los datos de personas físicas almacenados por las empresas, con el objeto de protegerlos de posibles acciones por parte de la empresa que vulneren la confidencialidad de estos datos.

Se entiende por confidencialidad el derecho de las empresas a no hacer uso público ni promocional de los datos poseídos por los clientes (consumidores) siempre que ellos no muestren su voluntad de que este sea así, es decir, que expresen su consentimiento a que la empresa use los datos para promoción comercial.

La Ley de Protección de Datos Personales y garantía de los derechos digitales obliga a las empresas a explicar al consumidor que su información pasa a formar parte de su base de datos, y que será de ellas el derecho de confidencialidad de esa información, siendo práctica prohibida su difusión sin consentimiento del titular de la misma.

La citada ley también otorga la posibilidad a los ciudadanos consumidores de acceder, modificar, rectificar o cancelar la información que de ellos disponen las empresas.

Esta ley acarrea una serie de obligaciones para las empresas en cuanto a la posesión de datos de consumidores y usuarios, algunas de las más importantes son:

- Informar sobre la existencia y posesión de los ficheros con datos personales y la razón de su existencia en la empresa.
- Recoger solamente datos necesarios de acuerdo a los fines perseguidos por la empresa.
- Poseer autorización expresa del titular de los mismos.
- Tener los datos actualizados.
- Garantizar la seguridad y confidencialidad de los mismos.
- Disponerlos para la consulta gratuita por parte de sus titulares.

Cobra especial importancia para los consumidores, el derecho de oposición a que sus datos sean poseídos por una empresa, en cualquier momento de su relación.

Por lo general, una empresa que realiza una transacción o atención con un cliente por primera vez toma los datos que le son necesarios para acometer su proceso legal de comercialización (facturas, albaranes, etc.) y en esa toma de datos puede darse la posibilidad de que el cliente acepte comunicaciones comerciales por parte de la empresa; pero esta vinculación o aceptación no es definitiva, puesto que si el usuario considera que no le resulta de interés la información o es inapropiada de acuerdo a sus preferencias, puede comunicarse con la empresa, y ejerciendo su derecho de oposición, solicitar que los datos queden cancelados con fines comerciales.

En cambio, existen otros ficheros que cualquier persona puede consultar sin necesidad de contar con ningún consentimiento, como por ejemplo diarios y boletines oficiales del estado, censo electoral, listados de bolsa de trabajo público, etc., puesto que en el propio hecho de la acción se entiende la autorización de los datos por parte del interesado.

## Sabía que...

Existen unos ficheros de exclusión, tradicionalmente denominados "Listas Robinson" donde se incluye todo aquel ciudadano que voluntariamente expresa su decisión de no querer recibir publicidad.

## Aplicación práctica

Belén Albox Casasola, acaba de recibir en su domicilio un catálogo de productos relacionados con el hogar, ella queda sorprendida porque no conoce la empresa y nunca ha comprado ese tipo de productos.

Belén no sabe qué hacer y acude a un asesor que le informa que no puede hacer nada porque seguro que ha dado sus datos a alguna empresa y esta los ha vendido a otra, que esto es muy habitual. Lo que debe hacer es buscar la empresa a los que se la cedió y cancelarlos.

Belén está muy abrumada porque no recuerda qué empresa puede ser y además no tiene tiempo de investigarlo, pero esta situación le pone cada vez más nerviosa.

Se pide:

a. ¿Es correcta la afirmación del asesor?
b. ¿Qué puede hacer Belén?

Continúa en página siguiente >>

<< Viene de página anterior

**SOLUCIÓN**

No, no es correcta, puesto que aunque los datos se hayan obtenido de fuentes accesibles al público, los consumidores pueden oponerse en cuanto a su uso comercial gracias al derecho de oposición, tanto en la toma de datos como en las comunicaciones comerciales.

Belén ha de enviar una carta a la empresa, o acudir a sus instalaciones si se diera la posibilidad, y solicitar que se den de baja sus datos de forma definitiva. Si esto no ocurriera, puede iniciar un proceso de reclamación para defender sus derechos.

---

## 5.3. Transparencia de los procedimientos

Paralelamente al extremo cuidado de la manipulación de la información, el tratamiento de los procedimientos derivados de las acciones para la defensa de los consumidores y usuarios deben estar dotados de un formato claro, desarrollado y detallado de acuerdo a la realidad, de manera que su seguimiento y control no pueda dar lugar a ningún tipo de controversia causada por la sucesión de etapas y acciones dentro del procedimiento.

Paralelamente a ello, y estableciendo la transparencia como un adjetivo común a todas las actividades desarrolladas o establecidas para esta materia, el consumidor y usuario debe conocer claramente las ventajas e inconvenientes de la elección de un procedimiento u otro para su defensa.

Además de la transparencia en la información respecto a los distintos procedimientos existentes, esta característica ha de quedar descrita en todos y cada uno de los procedimientos establecidos; hecho que se consigue con acciones como:

1. Comunicación de inicio de trámite: contenido del mismo, a quién va dirigido, y cuáles serán las posibles vías de resolución en esta fase.
2. Comunicación de las incidencias que vayan dándose en el mismo, asegurando que el consumidor reciba la información de forma efectiva (certificados de recepción de comunicados).

3. Información cronológica sobre las fases que va alcanzando la reclamación dentro del procedimiento preestablecido y conocido por las partes.

4. Comunicación de la resolución de la reclamación y de los efectos para ambas partes. Descripción de los hechos que han llevado a tal reclamación.

5. Asesoramiento sobre las alternativas de actuación que puede emprender el consumidor tanto para el cumplimiento de  la resolución como para siguientes vías de acción.

Al ser un proceso de carácter legal, lleva acarreados una serie de requisitos respecto a la justificación de las acciones realizadas en el seno del mismo, que supone su sujeción a parámetros de legalidad como es la transparencia.

# 6. Resumen

Entender el campo normativo que afecta a la regulación legal de la protección de los intereses de los consumidores y usuarios, es una herramienta básica para el desarrollo de una actuación eficiente en el mercado, en tanto en cuanto que, conocer los derechos que supone ser consumidor, asegura la ejecución de una compra o consumo acertado.

Los conflictos surgidos para el consumidor y usuario, en los que se detecte claramente una vulneración de sus derechos, pueden ser resueltos en diversas formas en función de las características del trámite. Desde resoluciones amistosas con la empresa hasta denuncias judiciales formales pasando por mediaciones y procesos arbitrales. Pero es muy importante que el consumidor conozca el abanico de posibilidades y los pros y contras de cada una de ellas.

Por este motivo puede acudir a las diferentes entidades comprometidas con la protección de los ciudadanos en sus actuaciones de consumo dentro del ámbito local, autonómico, nacional y europeo.

La necesidad de regulación nace de la Constitución Española, pero traspasa las fronteras del país para cogerse de la mano de las directrices europeas e internacionales, donde el consumidor o usuario, ante todo es persona.

**Ejercicios de repaso y autoevaluación**

1. **De las siguientes frases, indique cuál es verdadera o falsa.**

   a. Ley Orgánica 3/2018, de 5 de diciembre, de Protección de Datos Personales y garantía de los derechos digitales es la base legal en España de la protección de los datos de personas físicas poseídos por las empresas.

   ☐ Verdadero
   ☐ Falso

   b. Se entiende por confidencialidad el derecho de las empresas a no hacer uso particular y de gestión propia de la información de sus clientes.

   ☐ Verdadero
   ☐ Falso

   c. Si una demanda judicial es inferior a 2.000 €, se puede realizar sin abogado ni procurador.

   ☐ Verdadero
   ☐ Falso

   d. El primer paso que debe realizar el consumidor para intentar solucionar un conflicto relacionado con su consumo es la resolución amistosa directamente con la empresa que le ofrece el producto o servicio.

   ☐ Verdadero
   ☐ Falso

2. **Complete las siguientes oraciones.**

   a. Las Hojas de Reclamaciones se conforman de _____ impresos autocalcables, de tres colores diferentes según su _____.
   b. La copia Verde en la Hoja de Reclamaciones es para _____ _____.

c. La copia _____ es el ejemplar que se queda el establecimiento reclamado.

d. La copia de la Hoja de Reclamaciones que se destina a la Administración es de color _____.

3. Una reclamación en materia de consumo debe contener:

a. Identificación del consumidor.
b. Identificación de la empresa.
c. Exposición de los hechos y resolución solicitada.
d. Todas las opciones son correctas.

4. AECOSAN son las iniciales de:

a. Asociación Española de Cooperación Seguridad y Nutrición.
b. Agencia Española de Consumo Seguridad Alimentaria y Nutrición.
c. Asociación Española de Consumidores y Usuarios de Alimentación.
d. Agencia Europea de Consumo Sanidad Alimentaria y Nutrición.

5. Según su origen los procedimientos de protección al consumidor pueden ser:

a. Externo y directo al consumidor.
b. Externo e Interno al consumidor.
c. Directo o Indirecto al consumidor.
d. Todas las opciones son incorrectas.

6. Respecto a las competencias atribuidas a las comunidades autónomas en materia de consumo...

a. ... no tienen poder legislativo.
b. ... varían de unas comunidades a otras.
c. ... todas tienen las mismas competencias.
d. ... dependen de las normativas elaboradas por los organismos municipales.

**7. El Centro de Investigación y Control de la Calidad:**

    a. Es la máxima autoridad de la AECOSAN.
    b. Es un órgano encargado de la Protección de datos en las empresas públicas.
    c. Es un centro adscrito a la AECOSAN.
    d. Es la máxima autoridad en materia sanitaria en todo el territorio nacional.

**8. ¿Qué es una Junta Arbitral?**

_____
_____
_____
_____

**9. Indique tres competencias del Estado en materia de consumo.**

_____
_____
_____
_____

**10. ¿Cuál es la misión de una OMIC?**

_____
_____

**11. Indique los 10 principios de la Unión Europea en materia de consumo.**

_____
_____

**12. Indique tres deberes de los ciudadanos como consumidores.**

_____
_____

13. **Identifique las relaciones existentes entre cada concepto de una columna con uno de la segunda.**

      a. Consumidor
      b. Junta Arbitral
      c. Tribunal de Justicia
      d. Confidencialidad

      __ Usuario
      __ Abogado
      __ Información
      __ Laudo

14. **Complete el siguiente formulario de Hoja de Reclamaciones.**

### HOJA DE RECLAMACIÓN

| | | |
|---|---|---|
| | Nombre | |
| | Dirección | |
| | DNI | |

| | | |
|---|---|---|
| | Nombre | |
| | Dirección | |
| | DNI/CIF | |

Exposición de los Hechos

**15. Encuentre en la sopa de letras siguientes los conceptos que dan sentido a los siguientes enunciados.**

1. Acción por la cual el cliente manifiesta su disconformidad con una transacción comercial realizada: _____.
2. No es necesario cuando lo reclamado en el Tribunal de Justicia no alcanza los 2.000 €: _____.
3. Resolución de un conflicto de consumo conseguida en el primer paso establecido: _____.
4. Tras el intento de solución amistosa entre las partes, se pasa a la _____, cuyo resultado no es de obligatorio cumplimiento para las partes.
5. Objeto de la confidencialidad por parte de las empresas: _____.

| U | S | U | A | R | I | O | S | N | A | L | P |
|---|---|---|---|---|---|---|---|---|---|---|---|
| I | O | R | R | R | E | C | I | E | B | T | R |
| A | A | M | B | U | O | M | I | C | O | D | O |
| M | N | R | I | H | S | A | I | V | G | E | T |
| I | M | O | T | T | I | Z | D | C | A | O | E |
| T | H | N | R | E | A | C | A | I | D | O | C |
| O | E | O | A | N | N | E | T | F | O | A | C |
| S | V | E | L | A | U | D | O | A | I | E | I |
| A | Z | T | I | O | R | M | S | C | I | J | O |
| W | R | D | M | E | D | I | A | C | I | O | N |
| R | E | C | L | A | M | A | C | I | O | N | A |

# Capítulo 2

# Atención y gestión de consultas, reclamaciones y quejas en consumo

# Contenido

# 1. Introducción

A la hora de afrontar una reclamación de un consumidor, la empresa se enfrenta a una serie de trámites tanto propios como legales, que hacen necesaria su organización y correcta burocratización.

Este capítulo va a centrar su contenido conceptual en el entorno que afecta a la gestión de una reclamación en el seno empresarial, tanto a nivel de procedimientos internos, como de documentación necesaria, como afectación legal.

Un profesional de la administración empresarial debe conocer el procedimiento necesario a seguir para un correcto ejercicio de la reclamación de un consumidor en el contexto de la actividad empresarial.

Enfocado desde el Departamento de Atención al Cliente, este capítulo viene a detallar el proceso de gestión interna de la reclamación para llevar a cabo una administración eficiente de la misma, y potenciar el objetivo básico de cualquier entidad competitiva que es la satisfacción del cliente.

# 2. Funciones fundamentales desarrolladas en la atención al cliente

La importancia de un buen servicio al cliente está haciendo que la importancia de la atención al cliente se vaya configurando como una rama fundamental en la gestión de una empresa o negocio.

Las funciones que asume el departamento de atención al cliente varían en función de la estrategia empresarial y la estructura organizativa que la caracterice.

Estas funciones se desarrollan a través de acciones que deben presentar la siguiente caracterización:

- **Atención personal:** el trato personalizado y directo con la persona crea un valor añadido a la función de atención al cliente. La atención personal no exige el cara a cara de las partes implicadas, sino que se concreta en la comunicación directa al cliente bajo sus circunstancias personales.

- **Confianza:** tener el favor y credibilidad de la persona cliente hace que el valor de las acciones realizadas se maximice. Esta confianza se crea, consolida y amplía con la efectividad y eficacia de acciones anteriores realizadas entre otros aspectos.

- **Competencia del trabajador:** el grado de conocimiento e información sobre los temas tratados con el cliente hacen las funciones desarrolladas con los mismos más fructíferas y eficaces.

- **Oportunidad:** las funciones desarrolladas en la atención al cliente, han de estar muy estructuradas en el tiempo en el que corresponda para su efectividad, es decir, cada función debe ser llevada a cabo en el momento oportuno.

- **Información:** para empezar a dialogar con el consumidor, se ha de poseer una información lo más completa posible respecto al hecho planteado. De no disponerse, es necesario escuchar y comprender detenidamente al cliente.

Unido a esto, y de forma predominante, el talante personal y la capacidad de respuesta ante los conflictos y planteamientos complejos de las personas que encabezan la atención al cliente en la empresa, suponen una herramienta básica que fortalece la satisfacción del cliente y la mejora continua de la empresa.

 Ejemplo

Mario Mijito, S. L. se dedica a la venta de relojes especiales para buceadores. Un día Guillermo e Irene, una pareja de buceadores profesionales se informan de varios tipos de relojes, pero todos les parecen muy caros. Samuel, el comercial, les informa de que han llegado unos relojes muy baratos que les pueden interesar. Así es, Guillermo e Irene se llevan 2. A la semana, vuelven con los relojes estropeados por el agua. Samuel les informa que esos no son acuáticos profesionales, solo funcionan si se sumergen a menos de 2 metros de profundidad. La información dada por Samuel tras la queja del cliente debió ser comunicada al cliente antes de la adquisición del producto.

**Actividades**

1. ¿Puede darse una atención personalizada a través del correo electrónico? Razone su respuesta.
2. ¿En qué casos podría atender a un cliente del cual no posee información? Razone su respuesta.

## 2.1. Naturaleza

En cambio, las funciones más habituales se pueden agrupar en tres grandes líneas generales:

1. Relativas a los clientes y operaciones comerciales realizadas con ellos, es decir, emisión de facturas, pedidos y seguimiento de los mismos.
2. Relacionados con los clientes potenciales, son las actividades relacionadas con la atención a los clientes que solicitan información sobre la empresa o los productos ofrecidos, así como las labores de *marketing* enfocadas a ellos. Se incluyen en este grupo acciones de captación y fidelización de clientes.
3. Relacionadas con la gestión de quejas y reclamaciones, son las funciones que se relacionan con la tramitación y resolución con una queja de un cliente materializada verbalmente o a través del procedimiento legal escrito.

Concretando el detalle de las mismas, se pueden establecer varios tipos de funciones del departamento de atención al cliente:

- Atender consultas de los clientes y ciudadanos interesados en la empresa o en alguno de sus productos o servicios que produce la empresa.
- Resolver las cuestiones planteadas respecto a los aspectos relacionados con la entidad como la organización en su relación con el entorno.
- Solucionar los conflictos planteados en el ejercicio del consumidor o usuario de cualquiera de estas funciones.

La vieja filosofía de que "el cliente siempre tiene la razón" no es correcta, el cliente se merece el respeto que se merece cualquier persona y además ha de tratársele como un elemento esencial a la hora de cumplir los objetivos de la entidad.

 **Aplicación práctica**

Marta trabaja en La Agencia de Viajes Nube de Serón, S. L., en el mes de abril llega un cliente, el Sr. Ratón y le dice que quiere irse de vacaciones este verano y que le informe de los viajes y opciones vacacionales existentes.

Marta le pide que le diga con cuántas personas van, en qué mes y cuáles son las preferencias para su viaje. El Sr. Ratón se muestra muy enfadado con el servicio al cliente, porque dice que él no tiene por qué hablar de su vida privada y amenaza con irse a otra agencia.

Marta le indica que si no le da información, ella no puede realizar su trabajo correctamente, así que si quiere irse a otra agencia, está en todo su derecho.

Se pide:

1. ¿Es correcta la postura de Marta?
2. Va a dejar perder un posible cliente, ¿cómo debe actuar para que esto no suceda?

**SOLUCIÓN**

1. Marta actúa correctamente, ya que sin los datos que le está pidiendo no puede hacerle un asesoramiento completo, al ser la primera vez que se encuentra con el Sr. Ratón, ha de preguntarle sus preferencias para darle la mejor solución, ya que los precios varían según el mes que elija, así como los destinos también varían en función de las preferencias: playa, cultura, descanso, etc.
2. Lo más aconsejable en este caso, es que Marta hable con él y le explique por qué le está pidiendo esa información en la primera visita, así como su voluntad de encontrarle el mejor destino optimizando el tiempo de trabajo.

## 2.2. Efectos

La propia definición de una función lleva implícita la búsqueda de un resultado, si bien es cierto, que cada una de las funciones que se desarrollan en el área de atención al cliente tienen unos fines esperados que forman parte de la estrategia de la entidad, que en términos de calidad se enfoca hacia la satisfacción del cliente.

Los efectos de las funciones de atención al cliente, se van a estudiar desde la misma perspectiva diferenciadora de su clasificación.

**Efectos sobre clientes de la entidad**

Los efectos sobre clientes de la entidad son los siguientes:

- **Fidelización:** en el sentido de repeticiones sucesivas de compra, en virtud de la consolidación de la cuota de mercado.
- **Difusión:** de forma que la promoción positiva de la actividad sea por esta vía una fuente de atracción de nuevos clientes.

**Efectos sobre clientes potenciales**

Los efectos sobre clientes potenciales son los siguientes:

- **Captación:** se trata de hacer que los clientes que se interesen por la empresa o negocio o producto, bien voluntariamente o bien inducidos, materialicen ese interés en forma de compra. Pasando así a ser clientes, y estableciendo de esta manera las funciones de atención al cliente propias de clientes.
- **Satisfacción de la no compra:** se trata de agradar y complacer a aquellos ciudadanos interesados en los productos de la empresa que no materializan ese interés en una compra, bien por no adaptarse a sus expectativas o por no disponer de productos y servicios que cubran su necesidad.

**Efectos sobre la resolución de quejas y reclamaciones**

En este caso, los efectos de las funciones de la atención al cliente van a caracterizarse según la progresión de la reclamación, es decir, según el estado en el que se encuentra:

- **Antes de materializar la reclamación:** las acciones de asesoramiento al cliente deben enfocarse hacia evitar la materialización de la reclamación, no solo por el proceso legal que conlleva, sino por la satisfacción del cliente perseguida.
- **Durante el transcurso de la reclamación**: se han de enfocar estas acciones hacia el logro de una resolución justa para cliente y entidad.
- **Después de la reclamación:** las acciones se han de encaminar en conseguir recuperar la confianza del cliente a través de promociones, descuentos, etc.

 Sabía que...

La expresión tradicionalmente conocida como el "Boca a Boca" ha ampliado su función desde una mera transmisión de información de unas personas a otras, hasta la posibilidad de verter opiniones en grandes Foros de debate, Chats, Blog, Redes sociales, etc. Debido a la aplicación en este campo de la Nuevas Tecnologías, esto hace a los clientes más poderosos y aumenta la importancia de las funciones asociadas a la atención al cliente.

## 3. Documentación que obtienen y elaboran los departamentos de atención al consumidor

La atribución de competencias del Estado a las comunidades autónomas, dificulta en cierta medida el estudio de la documentación necesaria para ejercer la función de atención a las quejas o reclamaciones de los clientes en cuanto a la documentación y procedimiento específico a seguir bajo las pautas de cada comunidad.

Para facilitar esta variedad en la ejecución, se va a centrar el tema en los aspectos generales que siguen todas las empresas y entidades independientemente de donde estén ubicadas.

## 3.1. Documentos de la Empresa o Entidad

Desde el punto de vista específico de cada entidad, la empresa ha de recopilar una serie de documentos dentro de su departamento de Atención al Cliente, a pesar de su voluntariedad; los más utilizados son los que se citan a continuación:

- **Manual de buenas prácticas:** donde se establecen los procedimientos, métodos y valores que van a guiar la actividad de la empresa en su conjunto, de manera que sirvan de guía para el desarrollo de todas y cada una de las gestiones del negocio. Estos estándares de actuación responden a los requerimientos del mercado, tanto a nivel económico como social.
  Por ejemplo, la academia de formación Bellido, S. L. posee un *Manual de Buenas prácticas* muy extenso. Una de las más valoradas por los alumnos, es que antes de empezar una acción formativa, les realizan varios test de nivel para poder ubicar mejor a cada alumno en la acción formativa más adecuada y así rentabilizar el tiempo invertido en la formación.
- **Manual de procedimientos:** derivado del anterior, la empresa, concreta su cultura y estrategia empresarial aplicándola a la normalización de los procesos llevados a cabo en su seno, para el desarrollo de su actividad. Dentro de este aspecto, se encuentran los procedimientos seguidos por el departamento de atención al cliente, tanto en atención inicial, como seguimiento comercial, gestión de quejas y reclamaciones, etc.
  Por ejemplo, el taller de Antonio Motril, S. L., es conocido en toda la zona porque cuando un cliente acude a sus instalaciones, dispone de una sala de estar con cómodos sofás y una televisión plana de 60 pulgadas con vídeos educativos mientras espera a que su vehículo esté disponible nuevamente tras la intervención. A su vez, y de forma gratuita dispone de bebidas y *snacks* que hagan más corta la espera. Tanta es la satisfacción del cliente que el taller tiene lista de espera de 3 y 4 días.

En este ejemplo, el procedimiento de atención al cliente, establecido por el Departamento de Atención al cliente, hace que los ciudadanos que acuden a llevar su coche al taller sean atendidos de esta forma, y así reciban un valor añadido respecto a otros talleres.

■ **Fichas de Cliente:** la Ficha de cliente es un documento físico o electrónico que permite introducir la información necesaria para las gestiones a realizar con el cliente. No existe obligación legal de formato, pero la práctica general ha hecho que se definan las siguientes partes dentro de su estructura:

■ **Códigos internos:** numeración referida tanto a códigos de ordenación y categorización del cliente en la base de datos, como asociados a su contabilización.

■ **Datos personales:** referidos al nombre o denominación social, dirección, medios de contacto, etc.

■ **Datos económicos:** relativos a la forma de pago tales como datos bancarios, tarjetas y demás datos asociados a operaciones de cobro y financiación.

■ **Otros datos:** referentes a las particularidades de ese cliente no contenidas en otros apartados, tales como referencias para reparto de productos, preferencias, alertas, etc.

■ **Cláusula de protección de datos personales:** donde se refiere que los datos se acogen a la normativa de la Protección de Datos Personales y Garantía de los Derechos Digitales. Unido a esto pueden ir casillas relativas a la elección del cliente para el envío o no de publicidad.

A continuación, se presenta un ejemplo de Ficha de Cliente en Formato físico donde se incluyen los elementos generalmente contemplados por este tipo de documentos.

## HOJA DE RECLAMACIÓN

| Código interno | | Código contable | 430000... |
|---|---|---|---|

**Datos personales**

| Denominación | | | |
|---|---|---|---|
| Dirección | | Teléfono | |
| Ciudad | | E-mail | |
| DNI/CIF | | Web | |

**Datos económicos**

| Forma de pago | | | |
|---|---|---|---|
| Código bancario | | | |
| Límite de crédito | | | |
| Día/mes de cobro | | | |

**Observaciones**

En cumplimiento con lo establecido en la Ley de Protección de Datos Personales y garantía de los derechos digitales, le informamos que sus datos personales serán tratados y quedarán incorporados en ficheros responsabilidad de _____ registrados en la Agencia Española de Protección de Datos, con la finalidad de _____

Los datos que se le solicitan resultan necesarios, de manera que de no facilitarlos no será posible la prestación del servicio requerido, en este sentido, usted consiente expresamente la recogida y el tratamiento de los mismos para la citada finalidad. En todo caso, puede ejercitar los derechos de acceso, rectificación, cancelación y oposición dirigiéndose a la sede social, sita en _____ Le rogamos que en el supuesto de producirse alguna modificación en sus datos de carácter personal, nos lo comunique con el fin de mantener actualizados los mimos.

## Actividades

3. Realizar un boceto de su propia ficha de cliente para una empresa que tome como ejemplo.
4. Indicar utilidades del campo de "Observaciones" de la ficha de cliente.

## 3.2. Elementos específicos de atención posventa

Para la atención al cliente desde el departamento encargado de estas tareas se disponen una serie de formularios que tienen como finalidad la mejora continua para la satisfacción del cliente. Estos pueden ser:

- **Línea de contacto:** muy usada en plataformas web, esta función tiene un doble componente:

  - **Comercial:** por considerarla una posible vía de atracción de clientes interesados en las empresas o sus productos y servicios.
  - **Otros servicios:** siendo una fuente de entrada de información relativa a las necesidades informativas de los clientes.

- **Buzón de sugerencias**: donde el cliente indica las propuestas de mejora que aprecia tras su visita a la empresa y que son estudiadas para detectar posibles procedimientos inadecuados llevados a cabo por la empresa o incorporar mejoras en la gestión comercial de la misma.
- **Recepción de quejas:** como se tratará en el siguiente apartado, la queja supone un paso más en la comunicación consumidor-entidad, pero en el ámbito interno empresarial.
- **Gestión de reclamaciones:** donde el cliente manifiesta su voluntad de proceder a una petición a la empresa que solucione el daño causado, considerando la labor de la empresa como responsable del mismo.

 **Sabía que...**

Una de las principales utilidades del apartado de contactos de las páginas web es para la recepción de quejas, y que a pesar de parecer un hecho negativo, las empresas lo consideran una importante fuente de información para su mejora continua.

## 4. Procedimiento de recogida de las quejas y reclamaciones/ denuncias

Adentrarse de lleno en el tema de la gestión de quejas y reclamaciones supone el estudio ordenado de cada una de sus fases, para ello, en este apartado se va a estudiar la recepción de esta expresión negativa de la satisfacción del cliente.

### 4.1. ¿Qué es una reclamación?

Concretamente la definición que la ISO 10002:2018 (Guía para la gestión de reclamaciones) establece para el concepto "reclamación" es la siguiente:

*Expresión de la insatisfacción realizada a una organización, relativa a sus productos, o al proceso de gestión de la reclamación en sí mismo, y del que se espera una respuesta o resolución de forma explícita o implícita. (Adaptada de ISO 9000:2018, definición 3.1.4).*

En materia de defensa del consumidor y usuario, una reclamación es el hecho en el que la persona consumidora o usuaria de un producto se percata de un aspecto negativo del mismo y decide iniciar los procedimiento legales establecidos para dar a conocer este aspecto desfavorable, negativo o perjudicial y buscar una ayuda o compensación por los problemas derivados del consumo del bien o servicio que da lugar a reclamación.

Por otro lado, la ISO 10002:2018 de Gestión de la calidad. Satisfacción del cliente, establece una serie de directrices para el tratamiento de las quejas en las organizaciones. En concreto, esta norma internacional ofrece información para diseñar e implantar un protocolo para la gestión de quejas para cualquier tipo de actividad empresarial incluyendo el comercio electrónico. Tiene como objetivo la satisfacción del cliente a través de la satisfacción de las entidades donde se realiza la adquisición de bienes y servicios.

En esta norma internacional, se define un concepto de reclamación en un marco global para normalizar el marco conceptual en materia de defensa de los consumidores y usuarios:

- La información relativa a la forma de reclamar ha de estar visible en el centro o espacio virtual de la entidad.
- El proceso de reclamación que se informa al consumidor y usuario debe ser claro y conciso para facilitar su ejecución.
- La reclamación debe contener la identificación de las partes, descripción de los hechos y la petición de solución por parte del cliente.
- La empresa ha de responder en el plazo legalmente establecido, que variará dependiendo de la normativa específica que afecte este ámbito.
- El procedimiento de reclamación ha de ser gratuito.
- Las reclamaciones deben mecanizarse y administrarse de manera objetiva, clara, ordenada y confidencial.
- El hecho reclamado debe ser llevado a las partes afectadas en relación a la estructura de mando-responsabilidad de la entidad.
- La respuesta ha de ser clara y concreta respecto al hecho reclamado directamente con el cliente.

**Proceso de reclamación a través del Departamento de Atención al cliente**

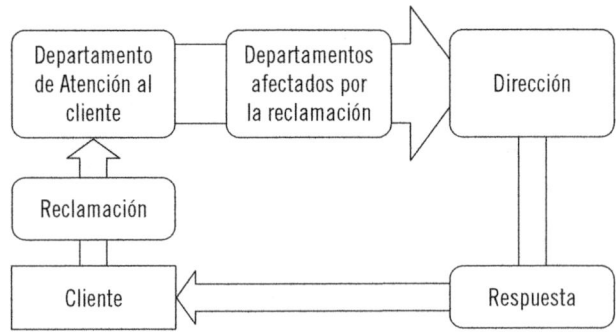

## 4.2. Quejas: una reclamación informal

A menudo se suelen confundir los conceptos de "queja" y "reclamación" identificándolos como sinónimos, cuando los matices de uno y otro presentan claras diferencias entre ellos.

 **Definición**

**Queja**
Es un acto de carácter más informal, donde el consumidor o usuario presenta su descontento o aporte de mejora con un producto, servicio o proceso de la empresa.

Las diferencias más destacables entre ambos conceptos son las que se enumeran a continuación:

- La queja tiene un carácter más informal al no estar sometida a un procedimiento legalmente establecido en la sociedad.
- Su ámbito de circulación es el seno de la empresa que la recibe, no debiendo ser tramitada por agentes externos.
- Las partes involucradas son solamente consumidor y empresa, sin dar lugar a terceras entidades.
- La queja, al contrario de la reclamación, no siempre ha de llevar consigo la petición de una solución o contraprestación, basta con la simple respuesta de la empresa.
- La no respuesta de la empresa ante una queja, no supone responsabilidad legal alguna en cuanto a plazos y procedimientos, mientras la reclamación sí está sujeta a la actuación de la empresa al respecto para seguir con el proceso.

Por tal motivo, las empresas cuentan con un servicio de atención de quejas en vista a la mejora de su servicio al cliente y la política de calidad total establecida.

## 4.3. La denuncia

Diferenciar este concepto de los anteriores es algo muy simple en términos procedimentales, no tanto en el significado de la palabra. En este estudio, definiremos denuncia de un consumidor o asociación de consumidores a una empresa como la acción de acudir directamente a una administración policial para informar que se ha cometido o se está cometiendo un acto supuestamente delictivo.

En este estudio, se desmarca este concepto de lo relacionado solamente con la relación consumidor/usuario–empresa, para ampliarse a un rango más social relacionado con los actos delictivos en general.

Si bien es cierto, existe la posibilidad de que un cliente denuncie ante la autoridad policial, un acto que considera ilegal en su relación con la empresa.

 Ejemplo

María se dirige a una tienda a devolver un vestido que compró ayer y está en mal estado, el dependiente se niega a devolverlo, a lo que María solicita la Hoja de Reclamaciones. El dependiente le dice que no tienen y María procede a llamar a la Policía, que tras comprobar que no dispone de Libro de Reclamaciones (Hojas de Reclamaciones), procede a tramitar la denuncia de María, por estar cometiendo una ilegalidad al no tener este documento tal y como indica la Ley.

## 4.4. Elementos formales que contextualizan la reclamación

Según la normativa ISO 10002:2018: Guía para la gestión de reclamación de clientes, se han de contemplar los siguientes elementos de contextualización de una reclamación:

- Los clientes deben tener acceso a la información sobre el proceso de reclamación. Esta información puede suministrarse en forma de folletos informativos, formularios de reclamaciones, etc.

- El reclamante debe tener acceso o información actualizada sobre el estado en el que se encuentra su reclamación.
- Debe comunicarse al cliente que se ha recibido su reclamación. Esta comunicación puede realizarse por escrito (fax, *e-mail*...) o verbalmente (teléfono...).
- El reclamante debe recibir una respuesta a su reclamación. Si la reclamación no puede resolverse inmediatamente, esta debe gestionarse de modo que la resolución sea lo más rápida posible.
- Las decisiones relativas a la reclamación deben comunicarse al reclamante de forma concisa y comprensible.

Todo este proceso debe estar sustentado sobre un Sistema de Comunicación eficiente en el seno de la empresa, y a la vez enfocado hacia la mejora continua de la entidad, mejora que se consigue maximizando la satisfacción al cliente, que se ha definido como el objetivo principal del Departamento de Atención al Cliente.

 **Actividades**

5. Indicar las diferencias entre queja, reclamación y denuncia.
6. ¿Todas las reclamaciones se han de contestar de manera personal y cara a cara?

## 4.5. Documentos necesarios o pruebas en una reclamación

Llegado el momento de entrar en el estudio de los instrumentos administrativos que intervienen en la gestión de las reclamaciones de una entidad, este apartado va a concretar aquellos documentos tanto en papel como en soporte electrónico que, a nivel general en España, van a formar parte del proceso de administración de una reclamación. Los documentos generalmente empleados en la actividad diaria son:

1. **Formulario de contacto:** se trata del documento, generalmente en soporte web, a través del cual los usuarios pueden contactar con la entidad a través el departamento de atención al cliente y enviar sus consultas directamente.

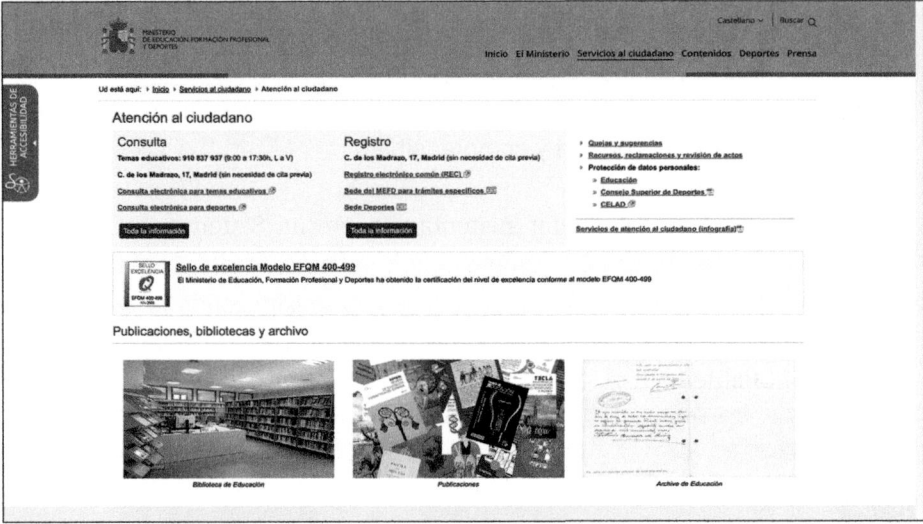

Portal de contacto de la página web del Ministerio de Educación, Formación Profesional y Deportes

2. **Documentos de prueba para la reclamación:** son todos y cada uno de los documentos aportados por el consumidor para dar consistencia a su argumentación; estos documentos suelen ser copias de originales (que custodia el cliente) de diversa índole, como facturas, *tickets, e-mail*, fax, etc.

3. **Carta de Respuesta:** es el documento por el cual la empresa responde al cliente ante su solicitud, donde se transcribe un resumen de la reclamación y se argumenta la respuesta por parte de la empresa. Esta carta será documento de prueba en el caso de que el consumidor decida continuar con su proceso de reclamación.

## 4.6. Configuración documental de la reclamación: hoja de reclamaciones

Por su importancia, la Hoja de reclamaciones, como elemento principal del procedimiento de reclamación legal, merece un tratamiento específico, tratamiento que será desarrollado en este apartado.

Todas las empresas o profesionales que comercializan bienes y servicios tienen la obligación de poseer este documento en formato papel para quien lo solicite. El establecimiento, en caso de que lo hubiera, ha de indicar en un cartel que dispone de estos documentos y que está a disposición de los clientes que lo soliciten. No existe posibilidad de cobro por esta petición.

### Cartel informativo de la disponibilidad de Hojas de reclamaciones

Es de obligatorio cumplimiento tener hojas de reclamaciones, y esa obligación se extiende a su publicidad en el establecimiento comercial, en un lugar visible a los ojos del cliente.

Por lo tanto, cada entidad, ha de tener presente en sus instalaciones y en lugar visible a los clientes, que dispone de libro/hoja de reclamaciones disponible para los clientes.

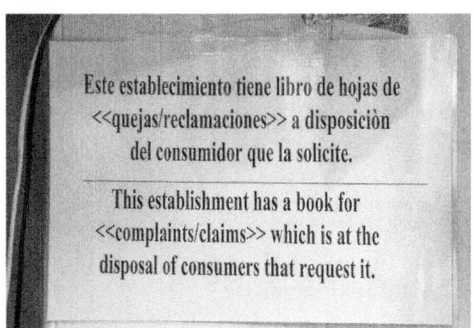

*Ejemplo de cartel informativo para consumidores y usuarios sobre la existencia de libro de reclamaciones*

## Hoja de reclamaciones

Se trata de un documento estandarizado como un modelo a nivel de cada comunidad autónoma, con tres copias auto copiantes de diferentes colores según su destino. Para su formalización se ha de firmar por ambas partes (consumidor y entidad reclamada). La firma de la parte reclamada no implica conformidad, sino acuse de recibo.

### *Estructura*

Estudiando su estructura por partes, se van a diferenciar las siguientes áreas de datos a rellenar que ha de tener la hoja, independientemente del modelo que use cada comunidad autónoma, todas han de tener la misma información básica.

#### Identificación del reclamante

Parte de la hoja donde se consignan los datos del consumidor o usuario que ha visto vulnerados sus derechos y ha decidido reclamar.

| Identificación del reclamante | details of complainant |
|---|---|
| **Nombre y apellidos** first name and surname | |
| **Nacionalidad** nationality | **D.N.I./pasaporte** passport or identity card |
| **Municipio** township | |
| **Dirección Postal** address | |
| **teléfono/fax** phone/fax number | |

*Datos identificativos del reclamante*

#### Identificación del reclamado

En este apartado de se indican los datos de la entidad sobre la que recae la acusación de la reclamación iniciada por el cliente.

**Identificación del reclamado**    details of person under complaint _____
**Establecimiento**  establishment _____
**Nombre o razón social**  name or company _____
**Municipio**  township _____
**Dirección Postal**  address _____
**N.I.F. o C.I.F.**  fiscal number _____  **teléfono/fax**  phone/fax number _____
**Actividad**  activity _____

*Campos de identificación de la empresa objeto de la reclamación*

## Exposición de los hechos

Donde el consumidor indica los motivos que le han llevado a emprender esta acción por considerar que se han vulnerado sus derechos. También se suelen indicar los documentos que se anexan a la reclamación como comprobante de los hechos (documentos de prueba).

Si la exposición de los hechos es muy extensa, se puede indicar en este punto una nota que haga referencia a algún documento adjunto que incluya el detalle de la exposición, por ejemplo "Ver Anexo I. Detalle de la Situación".

**Hechos motivo de la reclamación**    cause of complaint _____

**Documentos que se acompañan**  Documents included _____

*Ejemplo de espacio de la hoja de reclamaciones relativo a la exposición de motivos y relación de documentos*

### Solución propuesta

Donde el consumidor indica sus pretensiones respecto a la actuación de la empresa para solventar el problema planteado de forma amistosa entre las partes. Igual que en el apartado anterior, si la solución propuesta que se solicita es extensa, se puede hacer mención a su desarrollo en un documento anexo, por ejemplo: "Ver Anexo II. Solicitud para solución".

Solicita

*Campo de la Hoja de Reclamaciones destinado a la exposición de medidas requeridas por parte del cliente para solución amistosa*

### Otros datos importantes

Son el caso de la ubicación temporal y el espacio para las firmas de las partes que intervienen.

**Lugar del hecho y día** place of occurrence and date

En _____ a las ___ horas del día ___ de _____ de_____

*Espacio reservado para ubicación temporal y espacial del hecho causa de la reclamación*

```
Firmas    signatures
Reclamante  complainant                    Firma y sello del reclamado    person under
                                            complaint and stamp
```

*Ejemplo de espacio para las firmas de los intervinientes en el hecho reclamado*

### Ejemplares

La Hoja de Reclamaciones se rellena de forma simultánea en tres ejemplares de diferente color en función de su destino:

- **Copia Blanca:** es el original, en caso de estar relleno a bolígrafo y el primero en caso de confección telemática. Está destinado a la administración y es el consumidor o su representante legal el encargado de remitirla. Se ha de incorporar a este ejemplar, la documentación que se aporte de prueba.
- **Copia Verde:** ejemplar que se queda el reclamante como justificación de su gestión realizada y resguardo de seguridad como prueba en caso de no respuesta por la administración.
- **Copia Rosa:** ejemplar que queda en poder del establecimiento y que servirá de documento de gestión interna de la reclamación. Por norma general, se ha de incluir una copia de la documentación de prueba con esta copia.

En todo caso, el modelo de hoja de reclamación vigente legalmente en cada comunidad autónoma será el único documento legal que sirva de medio al consumidor para acceder a otros niveles de reclamación como Junta Arbitral, Tribunales, etc.

Sabía que...

El modelo de hoja de reclamaciones está establecido por cada comunidad autónoma, sin embargo, todos y cada uno de ellos incluyen como mínimo los campos expuestos en este apartado (emplazamiento, identificación, exposición y requerimientos).

 Actividades

7. Confeccione un boceto de una hoja de reclamaciones para reclamar por un retraso de tres horas en un vuelo que tenía contratado. Simule los datos de la empresa reclamada y la fecha.
8. Indique el destino de las distintas copias de la Hoja de Reclamaciones.

## 5. Normativa reguladora en caso de quejas y reclamación/denuncia entre empresas y consumidores

La normativa que regula esta materia nace de la Ley General para la Defensa de los Consumidores y usuarios y se desarrolla, tal y como se dispone en esta, a través de las competencias en Materia de Consumo asociadas a cada comunidad autónoma y ente territorial competente.

### 5.1. Ejemplo de Aplicación normativa en la comunidad autónoma

Por citar un ejemplo, en Andalucía, el Estatuto de Autonomía para Andalucía, 58.2.4º establece la competencia exclusiva de la comunidad autónoma, en el Artículo 58.2.

Esta competencia se desarrolla en la Ley 13/2003, de 17 de diciembre, donde se indica la obligatoriedad de disponer del libro de hojas de quejas y reclamaciones (Artículo 18), así como todos aspectos relacionadas con su gestión en Andalucía.

Esta ley presenta cuatro objetivos:

1. Desarrollar un procedimiento único y obligatorio, para la tramitación de las quejas y reclamaciones.
2. Confeccionar un procedimiento común de tramitación para las oficinas de Información al Consumidor y demás entes competentes en materia de consumo.
3. Asentar la obligatoriedad de las hojas de quejas en todos los ámbitos de comercialización existente. Se incluye por primera vez en Andalucía, la normalización de gestión electrónica de reclamaciones.
4. Hacer más competentes y simples los trámites para consumidores, usuarios y empresas.

Otros aspectos destacables son la obligación de disponer de las hojas de quejas y reclamaciones, (Artículo 3):

*Todas las personas titulares de actividades que comercialicen bienes o presten servicios en la Comunidad Autónoma de Andalucía deberán tener las hojas de quejas y reclamaciones a disposición de las personas consumidoras y usuarias en sus centros y establecimientos.*

Otro ejemplo destacable de esta normativa es el que enuncia el Artículo 7 respecto a la obligación de contestación en plazo:

*Cuando la queja o reclamación hubiese sido presentada en soporte papel, aquellos a las que se dirijan deberán contestar de manera que quede constancia, mediante escrito razonado, en el plazo máximo de diez días hábiles, contados desde el siguiente a la fecha de recepción de la misma, constituyendo el incumplimiento de la obligación de contestar en plazo una infracción tipificada en el artículo 71.8.3ª de la Ley 13/2003, de 17 de diciembre.*

Además de esta normalización territorial, existen otros componentes diferenciadores de la normativa de gestión de quejas y reclamaciones, por el cual, se consigue un mayor grado de especificidad a la hora de establecer pautas legales en la gestión de quejas y reclamaciones, estos son:

- **El sector:** como se trató en el capítulo 1, existen varios sectores con normativa específica, que incluyen protocolos de gestión de quejas y reclamaciones, estos son por ejemplo: empresas de telecomunicaciones, agencias de viajes, etc.
- **Tipo de entidad:** debido a la envergadura de algunas entidades, se ha creado una normativa específica para la gestión de quejas y reclamaciones hacia su labor, ejemplo de ello es el Banco de España, la Comisión Nacional del Mercado de Valores y la Dirección General de Seguros y Fondos de Pensiones, regulados por la Orden ECC/2502/2012, de 16 de noviembre, por la que se regula el procedimiento de presentación de reclamaciones ante los servicios de reclamaciones del Banco de España, la Comisión Nacional del Mercado de Valores y la Dirección General de Seguros y Fondos de Pensiones.

Unido a esto, las ordenanzas de ayuntamientos y diputaciones también pueden incluir aspectos relacionados con este procedimiento legal de gestión, siempre y cuando la atribución de competencias que posea así lo permita.

 **Actividades**

9. Busque en Internet la normativa relativa a este respecto de Castilla y León y la de Cantabria y realice una comparación de ambas.
10. ¿Qué normativa específica se aplica en la Región de Murcia? ¿Y en Cataluña?

# 6. Proceso de tramitación y gestión de una reclamación

El proceso de tramitación y gestión de una reclamación así como los aspectos que le afectan, vienen regulados en las normativas propias de cada comunidad autónoma, tal y como se ha indicado en el apartado anterior. Si bien es cierto, todas estas normativas siguen un paralelismo a la hora de realizar este proceso.

## 6.1. Procedimiento de gestión de una reclamación

A nivel interno, es decir, la gestión que la empresa hace del mismo, se concreta en un procedimiento normal que ha de seguir una reclamación que se compone de nueve fases principalmente, son:

1. **Comunicación:** donde el consumidor informa a la empresa de la circunstancia en sí.
2. **Recepción:** la empresa recibe la reclamación según el modelo establecido.
3. **Trazabilidad:** es la fase en la que la reclamación se hace llegar a las partes implicadas en la misma.
4. **Reconocimiento:** donde la empresa la reconoce como procedente y pasa a su evaluación.
5. **Evaluación inicial:** la empresa observa los hechos reflejados en la reclamación y valora su gravedad.
6. **Investigación:** se trata de las acciones llevadas a cabo para comprobar todos los elementos que afectan a la reclamación.
7. **Respuesta:** la empresa llega a una solución que considera adecuada para solucionar el conflicto generado con el cliente/consumidor/usuario.
8. **Comunicación de la decisión:** bien por correo o de forma presencial, se hace llegar la respuesta al cliente. En este caso, la empresa debe usar las herramientas disponibles para asegurarse de que el cliente ha obtenido la comunicación.
9. **Cierre:** se procede al archivo y clasificación de la reclamación, bien de forma definitiva, si el cliente ha aceptado la solución propuesta; o bien de forma temporal, si el cliente accede a otras vías de reclamación.

Son cada vez más las empresas que introducen un apartado más en este proceso que es el de "Contribución a la mejora continua del negocio" de manera que, estudiando las causas y consecuencias de cada reclamación, establecen un procedimiento de control sobre las causas para que este hecho no se vuelva a repetir, y mejorar así la eficiencia de su empresa.

## Aplicación práctica

Panadería Manolo, negocio donde trabaja él, su hijo y una nueva empleada que contrataron hace 3 meses, reciben una reclamación porque una clienta ha encontrado un anillo en una barra de pan. Junto a la Reclamación reciben una foto del anillo dentro de la barra de pan.

La nueva empleada identifica el anillo como su alianza matrimonial y exige recuperarla. Pese a que Manolo piensa en despedirla, su hijo le hace entrar en razón considerando que no le habían avisado de los peligros de amasar el pan con anillos, así que deciden darle otra oportunidad.

A la vez, Manolo, le comenta a su clienta, que siente las molestias, y que como compensación, le regala su cesta de pan durante todo lo que resta de año. Para ello, envía una carta por correo certificado con acuse de recibo, en la que se muestra la disculpa y un bono que ha de enseñar cada vez que venga a recoger el pan. Ella acepta y devuelve el anillo a la panadería.

Se pide:

1. Identifique las fases del proceso de reclamación en este caso práctico.
2. ¿Es necesario seguir todos los procesos en este caso?
3. ¿Han actuado bien no despidiendo a la trabajadora que ha cometido el error?

### SOLUCIÓN

Las fases detectadas son:

- Comunicación: cuando la cliente le informa del hecho.
- Recepción: recibe la reclamación con la foto del anillo.
- Trazabilidad: la muestra a sus compañeros trabajadores para detectar responsabilidades.
- Reconocimiento: la empleada identifica su anillo claramente.
- Evaluación: se considera una falta muy grave dentro de la forma de trabajar de la panadería. Al tratarse de una clienta habitual, se considera oportuno compensarla.
- Respuesta: se le oferta una compensación en especie, es decir, convirtiendo su compra futura en gratuita, así se resarce por los daños y no se pierde al cliente.
- Comunicación: a través de un correo certificado con acuse de recibo.
- Cierre: se archiva la reclamación.

Continúa en página siguiente >>

&lt;&lt; Viene de página anterior

No son necesarios todos los procesos, puesto que la "Investigación" no es necesaria porque el problema se ha reconocido rápidamente.

Han actuado correctamente no despidiendo a la empleada y utilizando este hecho como un elemento de mejora continua, puesto que si es una buena trabajadora, este fallo debe servir para mejorar y que no vuelva a suceder.

## 6.2. Plazos de presentación

Para el tratamiento de los plazos a los que están sujetos los trámites de la reclamación se ha de recurrir a la legislación básica de cada comunidad autónoma según las competencias atribuidas.

Además de la disposición de la comunidad autónoma, los plazos de presentación estarán sujetos a la normativa específica de que se trate: agencias de viajes, telecomunicaciones, etc.

 Aplicación práctica

Según la Ley 11/2022, de 28 de junio, General de Telecomunicaciones, el operador tiene un mes para contestar una reclamación, si no el consumidor tiene un plazo para acudir a una reclamación ante la Junta Arbitral de tres meses contados desde la respuesta del operador o la finalización del plazo de un mes que tiene para responder.

Lázaro y Sole acuden a la Junta Arbitral de su ciudad a reclamar una factura de ADSL de hace 2 meses, que no tiene aplicado el descuento que le prometieron al contratarla del 50 % de descuento sobre el total del consumo.

Se pide:

1. ¿Es posible la reclamación en tiempo y plazo?
2. ¿Es correcta en la forma?

Continúa en página siguiente &gt;&gt;

<< Viene de página anterior

## SOLUCIÓN

1. La reclamación es correcta en plazo, puesto que es un periodo muy corto de tiempo, y puede reclamarse sin ningún problema.
2. La forma es lo incorrecto en este caso, ya que el primer paso no es reclamar en la Junta Arbitral, primero se han de dirigir a la empresa de ADSL y esperar un mes a que le responda. Trascurrido este mes tienen un plazo de tres para reclamar, ahora sí, ante la Junta Arbitral.

 Sabía que...

Existe una oficina de atención al usuario de telecomunicaciones, dentro del Ministerio de Industria y Turismo, dedicada al campo normativo y procedimental de consumidores, específico en esta materia.

## 6.3. Interposición de la reclamación ante los distintos órganos/entes

Si no diera lugar a la solvencia de la queja directamente con la empresa, el consumidor reclamante puede dirigirse a los órganos competentes.

Las vías de reclamación se pueden dividir:

- **Vía judicial:** a través de una denuncia ante el Juzgado correspondiente, representados por abogado y procurador.
- **Procedimientos extrajudiciales** con resolución de obligatorio cumplimiento como por ejemplo las Juntas Arbitrales.
- **Asociaciones de consumidores:** por la mediación entre reclamante y reclamado.

Las entidades donde se pueden interponer las demandas, una vez finalizada la primera etapa de acuerdo amistoso con la empresa, son las que se describen a continuación.

## OMIC: Oficina Municipal de Información al Consumidor

En estas entidades se orienta al usuario en la forma y modo de efectuar la reclamación, su misión es más de asesoramiento que de tramitación, pero igualmente pueden ejercer labores de mediación entre parte reclamante y parte reclamada.

## Juntas Arbitrales

En el capítulo inicial, se trató su concepto como entidad que, de forma resumida se consideran árbitros entre las partes, con resolución en firme, laudo, con carácter de sentencia, en cuanto a su obligatorio cumplimiento. En este apartado se va a tratar el componente operativo de las Juntas Arbitrales.

Para poder acceder a este sistema de defensa de los derechos que se poseen como consumidor y usuario, se han de cumplir una serie de requisitos:

- Debe haber existido, por parte del consumidor, la voluntad y actuación a favor de solucionar el problema con la empresa reclamada.
- Debe ser un conflicto en los términos que marca la Ley General para la Defensa de los Consumidores y Usuarios, es decir, entre empresa y usuario o consumidor.
- Debe darse un hecho probado de que el consumidor ha visto vulnerados sus derechos por la actuación de la empresa.
- El consumidor o usuario debe firmar su adhesión a la Junta Arbitral que le competa según su domicilio de residencia.
- La empresa reclamada debe estar adherida también a este organismo de arbitraje.

## Documento de Adhesión a Junta Arbitral

Este tipo de documento identifica la intención del usuario de formar parte de la Junta Arbitral, para que esta inicie el Arbitraje en su defensa frente a la empresa que supuestamente ha causado el daño.

Diputación
de Granada

SISTEMA ARBITRAL DE CONSUMO
OFERTA PÚBLICA DE ADHESIÓN

NOMBRE Y APELLIDOS O RAZÓN SOCIAL (1):
NIF/CIF:
NOMBRE COMERCIAL:
DOMICILIO SOCIAL:
CÓDIGO POSTAL:
LOCALIDAD:                                            PROVINCIA:
DOMICILIO A EFECTOS DE NOTIFICACIONES(2):
 CÓDIGO POSTAL:
LOCALIDAD:                                            PROVINCIA:
TELEF.:                                               FAX:
 CORREO ELECTRÓNICO:
PÁGINA DE INTERNET:
ACTIVIDAD:
REPRESENTANTE LEGAL:
D.N.I.:                                               CARGO:

1- Personas jurídicas
2- Si dispone de varios domicilios a efectos de notificaciones deberá facilitarlos conforme al modelo Anexo
3- Indicar el municipio, mancomunidad (y en tales casos, la provincia a la que pertenezca el municipio o mancomunidad), provincia o Comunidad en la que desarrolla su actividad empresarial o profesional. Si desarrolla su actividad en más de una Comunidad Autónoma, indicar "ámbito supraautonómico" o "ámbito nacional"

DECLARA
Que desarrolla su actividad en (3) :

1º. Que mediante la firma de este documento formula oferta pública unilateral de adhesión al Sistema Arbitral de Consumo regulado en el Real Decreto 231/2008, de 15 de febrero.

2º. Que conoce la regulación del Sistema Arbitral de Consumo regulada en el 231/2008, 15 de febrero, y acepta que los conflictos que puedan surgir con sus consumidores sean resueltos a través del procedimiento previsto en dicha norma, por la Junta arbitral de consumo competente conforme a lo previsto en el artículo 8 del citado Real Decreto. No obstante hasta tanto entre en vigor en su totalidad el Real Decreto citado, el procedimiento se sustanciará conforme al Real Decreto 636/93 de 3 de mayo.

3º. Que teniendo en cuenta el ámbito territorial de su actividad, su adhesión al Sistema Arbitral de Consumo se produce a través de las Juntas Arbitrales de Consumo constituidas o que puedan constituirse en dicho ámbito territorial de actividad.

4º. Que este compromiso de adhesión al Sistema Arbitral de Consumo se formula optando por: (Opte por alguna de las fórmulas que se indican)
Que el arbitraje sea resuelto
☐ En equidad
☐ En derecho
☐ En equidad o derecho, a elección del consumidor

Que, con carácter previo al conocimiento del conflicto por los árbitros
☐ se intente la mediación
☐ no se intente la mediación

Que esta oferta pública de adhesión
☐ tenga carácter indefinido, salvo denuncia de la oferta con.........meses de antelación.
☐ se realiza por el período de................. (no inferior a 1 año) prorrogable por .......

En el caso de que no cumplimente una o alguna de las opciones anteriores, se entenderá respectivamente, que realiza su oferta pública de adhesión al arbitraje en equidad, por tiempo indefinido y con aceptación de la mediación previa.

5º. Que autorizo a las Juntas Arbitrales de Consumo y al Instituto Nacional del Consumo a la cesión de los datos de carácter personal incluidos en esta oferta pública de adhesión que sean necesarios a efectos de publicidad y divulgación de la adhesión, así como la cesión a las Juntas arbitrales de consumo, a los interesados legítimos y a cuantos intervengan en el procedimiento arbitral.

En ............... a ... de............ de ....
Fdo.:

*Modelo de Solicitud de Adhesión a la Junta Arbitral*

### Emblema/Logotipo de adhesión a Junta Arbitral

Las empresas pueden voluntariamente adherirse a la Junta Arbitral competente como un valor añadido de tranquilidad para los clientes de esa empresa. Este valor añadido se da a conocer a los consumidores a través de un distintivo que indica la firme adscripción al organismo arbitral.

*Emblema que indica que la empresa que lo posee ha sido adherida a la Junta Arbitral competente.*

 **Aplicación práctica**

Marta, María y Lara son tres primas que acuden a comprar un vestido para celebrar el día de su abuela Asunción el 15 de agosto. El vestido es muy caro, pero la ocasión lo merece. Acuerdan los arreglos del mismo y le aseguran que lo tendrán disponible el día 14 de agosto, ya que de no ser así no lo querrían, tal y como le hacen saber al dependiente.

El día 13 de agosto, con cierta preocupación llaman a la empresa textil y le dicen que su vestido no estará listo hasta el día 18 de ese mes; su enfado es tal que van a otra tienda y se gastan 100 € cada una en un vestido.

Pasada la fiesta de su abuela Asunción, van a la tienda a reclamar que le devuelvan el dinero que dieron en señal y le indemnicen con 300 € que le han costado los vestidos que tuvieron que comprar a última hora, sin contar el disgusto tan grande y otros costes ocasionados por la falta de formalidad de la empresa. Esta petición la hacen por escrito.

La empresa les contesta por correo electrónico diciéndoles que lo siente mucho pero que no puede hacer nada porque han sido problemas internos insalvables.

Las tres primas, deciden ir a poner una reclamación cada una de ellas por separado.

Continúa en página siguiente >>

<< Viene de página anterior

**Se pide:**

1. ¿Han actuado bien las chicas intentando solucionar el problema con la empresa?
2. ¿Es correcta la opción de poner una reclamación por separado?
3. ¿Dónde pueden acudir ahora?

**SOLUCIÓN**

1. Sí, han actuado perfectamente bien, porque el primer paso ante un desacuerdo empresa-cliente es el intento de solución amistosa.
2. Es lo adecuado, puesto que como consumidor se entiende la persona física, otra cosa es que a las tres le haya ocurrido la misma situación conflictiva. Podría haberse dado el caso de que a dos si le hubieran hecho la entrega en tiempo y a otra no, por este motivo, cada una debe reclamar de manera independiente sus derechos como consumidor.
3. Lo ideal sería acudir a una Asociación de Consumidores o una OMIC para informarse de las alternativas de que disponen, ser representadas en una nueva mediación y, a la vez, informarse sobre la idoneidad de pedir una cosa u otra para que el problema quede solucionado.

Una vez hecho esto, pueden acudir a una Junta Arbitral para que dicte Laudo y finalice el conflicto.

---

## 6.4. Gestión *online*

Cada día son más numerosas las entidades que poseen la vertiente de reclamación *online,* de manera que los clientes, a través del área correspondiente se dirijan a la empresa para poner de forma manifiesta los hechos que le han llevado a la disconformidad.

De esta manera, la persona puede transmitir el objeto de la reclamación y acompañar a la misma, como documentos adjuntos, las pruebas que considere oportunas.

Esta extensión masiva de espacios web destinados a la reclamación nace de la gran cobertura territorial de grandes empresas, que con sede en una o varias ciudades operan en multitud de ellas e incluso de países.

Por este motivo, la tramitación telemática de reclamaciones, supone un gran paso en la eficiencia de tiempos y esfuerzos entre empresas y consumidores, de manera que las primeras pueden dar respuesta de forma más rápida y recurrente a consumidores que viendo vulnerados sus derechos, no tienen que trasladarse físicamente a la sede empresarial.

 **Sabía que...**

Las empresas multinacionales se han de acoger a la normativa nacional de cada país en el que operan, pero es más, han de asumir los diferentes modelos y sistemas de reclamación establecidos en el mismo, tal como el de Defensa de Consumidores y usuarios que, aun con pautas internacionalmente establecidas, se concreta en diferentes países y dentro de ellos, como España, y diversas formas.

**Tramitación *online* en entes públicos**

De igual forma, este campo de tramitación *online* se amplía no solo a las empresas comerciales, sino a todo tipo de entidades tales como:

- Asociaciones de Consumidores.
- Juntas Arbitrales
- Oficinas específicas de reclamación por sectores.
- Otras.

Entre los servicios de tramitación, además de los propios de la gestión de la comunicación según modelos establecidos, se encuentran apartados tales como:

- Bases de información específica.
- Resolución de preguntas frecuentes.
- Descarga de modelos.
- Instrucciones de como rellenar los modelos.
- Etc.

Aun así, este campo sigue en constante crecimiento, perfeccionamiento y expansión, de manera que se logre acercar al consumidor y usuario, las máximas alternativas de información para la defensa de sus intereses.

 **Actividades**

11. Indique la principal diferencia entre asociación de consumidores y Junta Arbitral.
12. Explicar razonadamente la principal semejanza entre una OMIC y una asociación de consumidores.

## 7. Métodos usuales en la resolución de quejas y reclamaciones

Existen diversos métodos de resolución de reclamaciones, para perfeccionar su conocimiento se va a establecer una clasificación inicial de los mismos en función de la vía elegida para su desarrollo:

- **Directa:** son aquellas reclamaciones que se resuelven en el seno interno de la empresa a través del acuerdo amistoso entre consumidor y usuario y empresa.
- **Telemática:** son reclamaciones que se gestionan a través de plataformas Web/Teléfono/Fax en tanto que no existe un contacto directo y personal entre el reclamante y la empresa reclamada. Este caso es el más habitual en la primera fase de la reclamación, es decir, cuando el consumidor o usuario se dirige en primera instancia a la empresa para una solución amistosa.
- **Resolución por un representante:** este es el caso de que un tercero actúa como representante legal del reclamante. Puede ser, por ejemplo, una mediación realizada por una asociación de consumidores y usuarios.
- **Por un tercero:** es el caso en el que se opta para la resolución de la reclamación en última instancia. Este tercero tiene poder coercitivo sobre las partes implicadas en la reclamación. Este es el caso de resolución por juntas arbitrales o tribunales de justicia.

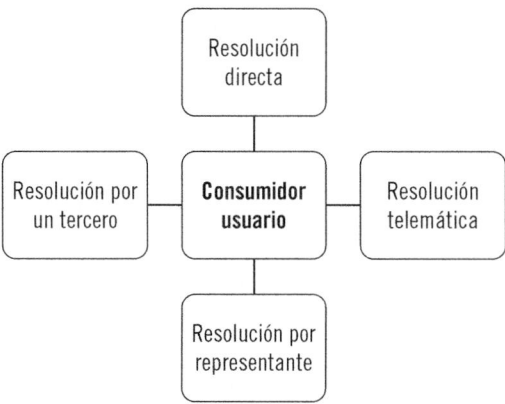

 Aplicación práctica

Alberto, un joven apasionado por los viajes a EE. UU. ha adquirido un pack de vacaciones por valor de 1.500 € para el próximo verano. Para ello contrata un seguro de viaje debido a que su trabajo es inestable y si lo pierde, tiene que cancelar el viaje por falta de liquidez. Por tal motivo prefiere pagar 50 € más por el seguro y garantizar la devolución total de su dinero en caso de cancelación.

Desgraciadamente, la empresa hace un ERE y Alberto es uno de los afectados por el mismo y deja de trabajar. Pero su enfado se acrecienta cuando la agencia de viajes le dice que no le puede devolver el dinero porque su seguro no cubre este tipo de sucesos.

Alberto se percata de que el texto del seguro SÍ incluye esta posibilidad y manda un mensaje a través de su plataforma (en el apartado "Quejas y Reclamaciones") donde le manda copia del contrato de seguro y exige la devolución de su dinero.

La empresa le dice rotundamente que NO en un *e-mail* de respuesta, y con este *e-mail* y la documentación del seguro, Alberto va a la Junta Arbitral de Churriana de la Veda, que es la que le pertenece, a interponer una reclamación formal.

Se pide:

1. ¿Qué vía o vías de reclamación se utilizan por Alberto en este caso?
2. Indique los documentos prueba en cada una de ellas.

Continúa en página siguiente >>

<< Viene de página anterior

## SOLUCIÓN

1. En este caso existen dos vías de resolución del conflicto:

   a. Telemática: donde Alberto, a través de la Web de la agencia, intenta una solución amistosa.
   b. Vía a través de terceros: al acudir en segunda instancia a un organismo como es la Junta Arbitral, que le defienda en un arbitraje ante la agencia reclamada.

2. Los documentos de prueba de cada uno de los casos son:

   a. Telemática: copia del texto del seguro contratado.
   b. Vía a través de terceros: copia del texto del seguro y correo electrónico de respuesta de la empresa. En este caso, y si se poseyera, Alberto podría incluir una copia del mensaje enviado a la empresa, para dar más información al proceso encomendado a la Junta Arbitral.

---

## 7.1. Fases del proceso de resolución

Una vez tratadas las vías de resolución de la reclamación, el interés conceptual se va a enfocar en este apartado hacia las distintas etapas que va a seguir el proceso de la reclamación.

### Reclamación sin intervención de terceros

Las fases generales que se han de seguir para resolver las reclamaciones, en términos generales, son las siguientes:

a. **Parte Externa Inicial:** en la gestión del proceso de solución se trata de acordar con el cliente reclamante las condiciones que le han llevado a esta situación o han originado el conflicto. Y se compone de las siguientes actuaciones:

   1. Identificar el problema que quiere transmitir el cliente de manera concreta y cierta.

2. Mostrar preocupación en interés por resolverlo, sin dar respuestas concluyentes sin tener aseguradas todas las variables que intervienen.

3. Explicar al cliente el procedimiento a seguir internamente para la resolución del problema.

4. Mostrar positivismo respecto a su voluntad de mejorar los procesos de gestión a través de la gestión de la reclamación, de manera que el conflicto no se vuelva a repetir.

b. **Parte Interna:** se trata de ver la trayectoria que va a seguir la reclamación. Igualmente, esta parte se lleva a cabo a través de las siguientes fases:

1. **Comunicación al responsable del área o departamentos afectado:** de manera que se den a conocer a las personas afectadas por el conflicto planteado.

2. **Trazabilidad:** para la tramitación interna de la reclamación se ha de seguir la estructura jerárquica de la empresa, es decir, hacer partícipe a niveles superiores de mando (subdirección y dirección), participación que será más amplia cuanto mayor sea la gravedad de la reclamación.

3. **Instrucciones de resolución:** a través de reuniones y planteamientos de las personas implicadas en conjunción con la cadena de mando, se ha de establecer un protocolo de solución para el problema.

4. **Instrucciones de comunicación:** de igual manera que se sube en la escala de mando empresarial para dar a conocer la reclamación, se ha de seguir un protocolo de actuación para la comunicación de la resolución al cliente final en el que se le muestren las soluciones que le plantea la empresa.

c. **Parte Externa de desenlace:** en esta fase se transmite al cliente la respuesta y la vía de solución del problema en caso de que la hubiera, así como otras acciones. Las fases de las que se compone son:

1. **Comunicación al cliente:** puede ser de forma presencial o telemática y debe contener una descripción detallada del proceso de resolución y los argumentos que justifican el desenlace.

2. **Ampliación de resultado:** se trata de acciones tendentes a reparar el daño causado, en caso de que lo hubiera, para hacer que el grado de satisfacción del cliente no se merme y se pierda su fidelidad.

3. **Cierre y ofrecimiento de disposición:** donde se da por finalizada la reclamación y se procede a su archivo. Es aconsejable aquí, introducir una memoria que resuma las causas y consecuencias del proceso.

En cierta medida, estas fases variarán según la empresa de que se trate en relación a su política comercial, pero es importante señalar que el ciclo de atención-resolución-explicación debe darse siempre que proceda el hecho reclamado, puesto que si un cliente se dispone a aportar una reclamación claramente infundada se le ha de exponer la situación y dar por cerrada la reclamación sin seguir el procedimiento anteriormente señalado.

 Aplicación práctica

Marina y Jesús acuden a la tienda de discos Benja, S. L. a comprar una colección de 3 CD que han oído en la radio anunciada. Estos ven que su precio es de 90 € cuando el precio anunciado era de 30 €. Marina le indica a su novio que está segura de que lo oyó muy bien y se decide a pedir una hoja de reclamaciones. Al solicitarla, Mª Ángeles, la dependienta, le dice que puede poner la reclamación si quiere, pero que lo ha tenido que entender mal porque en el anuncio decía 30 € cada uno, refiriéndose a cada CD, no a cada colección. Mª Ángeles le enseña el anuncio que lo tiene en el ordenador y los tres comprueban que es cierto, con lo cual Marina decide no reclamar. Mª Ángeles le asesora sobre otras ofertas y no ejerce actuación alguna respecto a la reclamación.

Se pide:

1. ¿Es correcta la actuación de Mª Ángeles?
2. ¿Estamos ante un caso de publicidad engañosa?

Continúa en página siguiente >>

<< Viene de página anterior

## SOLUCIÓN

Efectivamente, la acción de Mª Ángeles es muy acertada y no debe realizar ningún trámite adicional de gestión de la reclamación, puesto que es un caso de reclamación infundada, puesto que era Marina la que no había entendido bien la promoción.

En función de los datos expuestos en el enunciado, no se puede hablar de publicidad engañosa porque en el anuncio habla de "30 € cada uno" (masculino), puesto que si se refiriera a la colección sería "30 € cada una" (femenino).

---

### Mediación con intervención terceros

Cuando intervienen terceros agentes en representación del cliente, las fases de la reclamación cambian de acuerdo al procedimiento establecido. En base a esto, se han de considerar las siguientes vías según la intervención:

a. **Asociaciones de consumidores y usuarios**: se siguen las mismas fases que en la reclamación directa, vista anteriormente, con la salvedad de que las comunicaciones se hacen a la asociaciación en lugar de al cliente reclamante, y es esta la que tiene la función de informar al usuario impulsor de la reclamación.

b. **Juntas Arbitrales:** el proceso es más formal y las comunicaciones suelen ser escritas. En caso de celebrarse arbitraje entre las partes, la empresa reclamada puede optar por presentarse para defender su postura ante la Junta Arbitral o no asistir y mandar su postura en forma de una declaración escrita. La resolución es de obligatorio cumplimiento a las partes, por lo que las fases a realizar para su resolución pueden ser muy diversas:

- Pago de indemnización.
- Anulación de cargos pendientes.
- Devolución / Cambio del producto.
- Desistimiento de un contrato.
- Reparación de la cosa objeto de la reclamación.
- Otras.

c. **Tribunales de Justicia:** tal y como se trató anteriormente, la resolución es de obligado cumplimiento para las partes; dependiendo de las pesquisas del hecho reclamado, se asociará al proceso unas características u otras. Este es el caso de obligatoriedad o no de abogado y procurador, Pago de costas.

Las competencias en materia de consumo atribuidas a las comunidades autónomas pueden introducir en determinados casos acciones adicionales a las contempladas en este apartado. Si bien es cierto, los manuales de buenas prácticas y políticas de calidad aconsejan enfocar siempre los esfuerzos y recursos en la satisfacción del cliente, tanto en la compra, como en la resolución de la reclamación.

Así mismo, y como una etapa más de proceso, se aconseja que las empresas estudien cada reclamación para la mejora de su producción y servicio, es decir, en el caso de que un cliente reclame un hecho que vulnere sus derechos, la empresa debe velar porque este hecho no se repita a lo largo del horizonte temporal.

 **Actividades**

13. Indique la principal semejanza entre Laudo y Sentencia.
14. ¿Puede emitir decisiones similares a los laudos una asociación de consumidores?

## 7.2. Documentación que se genera

Entendidas las fases de la reclamación, en este apartado se tratarán los documentos generados en el proceso:

1. **Formulario de reclamación:** es el documento que posee el departamento de atención al cliente para comunicar quejas y sugerencias a la empresa.

2. **Hoja de reclamaciones:** de acuerdo a la legislación vigente, hablamos del documento oficial de solicitud de reclamación que tiene trascendencia fuera de la empresa.

3. **Pruebas de la reclamación:** se denominan pruebas de la reclamación a todos aquellos documentos (facturas, fotos, *e-mail*, etc.) que sirven como prueba de los hechos descritos en la reclamación.

4. **Comunicados de la empresa:** se trata de los escritos que manifiestan respuesta o propuesta para la resolución de los conflictos por parte de la empresa reclamada.

5. **Solicitudes de adhesión:** se da cuando interviene un tercero (asociación de consumidores, Junta Arbitral, etc.) y representa la voluntad del reclamante de ser representado por esa entidad de defensa de sus derechos.

6. **Laudo:** en el caso de acudir al arbitraje, es la resolución, con carácter de obligatorio cumplimiento, que dicta la Junta Arbitral.

7. **Sentencia:** solo para el caso de los Tribunales de Justicia, es la resolución definitiva de obligatorio cumplimiento de las partes.

8. **Memoria:** documento interno de la empresa que ha de ser tenido en cuenta para la mejora continua del negocio.

 Sabía que...

Uno de los sectores más reclamados por los clientes es el de las telecomunicaciones, y estas reclamaciones se suelen hacer por teléfono, *e-mail* o fax, por este motivo disponen de un departamento específico de reclamaciones.

# 8. La actuación administrativa y los actos administrativos

Para completar el análisis expuesto en este capítulo, es preciso entender el orden de funcionamiento de una acción administrativa, así como de la conceptualización, motivos y efectos del acto administrativo.

## 8.1. Concepto y elementos

Se habla de un acto administrativo para referirse a cualquier actuación de la administración pública, tales como nombramientos, permisos de obras, licencias de apertura, un desahucio, etc.

Así pues, los actos administrativos conllevan procedimientos administrativos, procedimientos que como tal, suponen una serie de trámites legales, es decir, un acto legar es el fin que persigue todo procedimiento administrativo.

De ahí, que para considerar un acto administrativo, se han de cumplir con dos condiciones: estar regulado por ley o norma y que sea fruto de un procedimiento administrativo.

Existen dos tipos de procedimientos administrativos según el alcance de su aplicación:

- **Procedimiento común:** el que se aplica por defecto a cualquier acto de cualquier administración pública.
- **Procedimiento especial:** el que se aplica a casos excepcionales, en los que se adaptan las leyes generales a procedimientos específicas. Dentro de este tipo de procedimientos se pueden diferencias varios subtipos:

  - **Sancionador:** se trata de multas a los particulares.
  - **De responsabilidad patrimonial:** es el caso en el que los particulares solicitan a la Administración una indemnización por daños a su patrimonio
  - Los procedimientos administrativos en materia tributaria y, más concretamente aquellos relacionados con la gestión, liquidación, verificación, investigación y recaudación de tributos.
  - Los procedimientos de impugnación de los actos de la Seguridad Social y de Desempleo y, en general, los actos de gestión recaudatoria de la Seguridad Social.
  - Los procedimientos administrativos para la imposición de sanciones por infracciones en el orden social.

▌Los procedimientos derivados del ejercicio de la potestad disciplinaria de las Administraciones públicas respecto de su personal y aquellas entidades vinculadas mediante relación contractual.

La Ley 39/2015, de 1 de octubre, del Procedimiento Administrativo Común de las Administraciones Públicas, que tiene por objeto la regulación del procedimiento administrativo común en las Administraciones públicas, así como el sancionador, desarrollando los requisitos de validez y eficacia de los actos administrativos, y los principios que marcan el ejercicio de la iniciativa legislativa.

Dicha ley establece una serie de mecanismos reguladores de los procedimientos administrativos especiales generales.

## 8.2. Clases

Son varias las clasificaciones que se pueden tomar como referencia a la hora de diferenciar los actos administrativos.

Según el nivel del proceso en el que se encuentran, es decir, su sujeción a una continuidad de hechos, se diferencian los tres tipos siguientes:

1. **Actos firmes:** los que no pueden ser recurridos.
2. **Actos definitivos:** son los que dan por finalizado un procedimiento, pero pueden ser recurridos.
3. **Actos de trámite:** son los que integran el procedimiento pero no lo finalizan, son intermedios.

Otra clasificación atendiendo a su forma, es decir, al hecho en el que se identifican e interpretan:

1. **Actos expresos:** donde se posee una resolución escrita y formalizada de acuerdo al resultado del proceso.
2. **Actos presuntos:** derivados del proceso legal, como por ejemplo el silencio administrativo, que se tratará más adelante.

## Sabía que...

La presunción se basa en unos indicios, es decir, hechos observados que llevan a considerar determinadas situaciones como dadas. Pero es necesario diferenciarlo de suposición, que se trata de dar como cierto un hecho del cual no se poseen indicios; la suposición es una interpretación más arbitraria que la presunción y por lo tanto sujeta a un mayor margen error en las afirmaciones que conlleva.

En todos estos casos, su tipología se engloba dentro del campo normativo del Derecho Administrativo, y como tal, han de estar sujetos a un procedimiento legal.

## Actividades

15. ¿Un acto administrativo puede ser Presunto y Firme a la vez?
16. ¿Un acto de Trámite puede ser Presunto?

## 8.3. Eficacia de los actos

Un acto administrativo es eficaz cuando es comunicado a los interesados o interesado. Esta comunicación se consigue a través de las notificaciones (comunicación individual) y las publicaciones (comunicación colectiva).

## Ejemplo

La señora Casasola recibe en el mismo día dos noticias, una buena y una mala:

Continúa en página siguiente >>

<< Viene de página anterior

La mala es que recibe una carta de Hacienda en la que le indican que se aplicó una deducción que no le corresponde por su situación laboral y ha de pagar una sanción de 130 euros (Notificación individual).

La buena noticia es que ha visto en el Boletín Oficial de su comunidad autónoma que está dentro del listado de personal admitido al proceso de oposiciones para el acceso al cuerpo de administrativos del Estado (Publicación).

Un hecho que puede atentar contra la efectividad del acto administrativo es la recurrencia al mismo, que aunque no paraliza su ejecución, si puede conllevar la paralización del mismo por orden judicial.

 **Ejemplo**

En 2012, a pesar de la crisis económica española y los recortes, Andalucía, decide publicar casi 2.000 plazas de nuevos profesores de secundaria. La orden sale publicada a primeros de año y es recurrida por el Gobierno central, se cursa de forma normal, pero meses más tarde el Tribunal de Justicia da orden de paralización de proceso y devolución de las tasas a los opositores, dando la razón a los impulsores del recurso.

En el caso de que los obligados al cumplimiento de la notificación no llevaran a cabo su ordenanza, la Administración posee diversas herramientas para obligar su cumplimiento, siendo las que se detallan a continuación, algunas de las más importantes:

- Apremio sobre el patrimonio del interesado, es decir, un embargo de parte o la totalidad de su patrimonio.
- Ejecución subsidiaria: en el caso de que la Administración realice alguna acción para el cumplimiento del acto, será el sujeto obligado el que correrá con el coste de esta acción.

- Multa coercitiva: importe adicional en unidades monetarias, por incumplimiento de la obligación principal.
- Compulsión física: se obligará físicamente al obligado al cumplimiento a realizar una determinada tarea o se le prohíbe la realización de determinadas tareas.
- Interrupción provisional del acto: es un caso especial de suspensión del acto, en la que el obligado al mismo justifica claramente que la realización del hecho al que está obligado le puede provocar daños definitivos o de difícil reparación.

## 8.4. El silencio administrativo

Como se ha mencionado anteriormente, es el acto presunto que se da en caso de que la Administración no responsa en el plazo estipulado.

Puede ser de dos tipos:

- **Positivo:** cuando la Administración no se pronuncia en el plazo estipulado se entiende como un SI.
- **Negativo:** es cuando el silencio da lugar a una equivalencia a respuesta negativa.

En los casos en los que el silencio se interpretara desestimatorio, el afectado tendría derecho a interponer recurso siempre que quede claro que se ha dado lugar a silencio administrativo. Para demostrar este silencio administrativo se debe solicitar al órgano competente un "certificado de acto presunto" donde se reconozca la no pronunciación al respecto de lo inicialmente solicitado.

Entre las ventajas del silencio administrativo dentro de los procedimientos comunes, está la gran cantidad de trabajo administrativo, con el consiguiente consumo de recursos (impresiones, comunicaciones, etc.) que ahorra a la administración y puede ser dedicado a otros menesteres productivos.

Aplicación práctica

Se solicita una subvención a fondo perdido de 6.000 € para constituir una empresa. Los emprendedores y emprendedoras han de hacer un plan de negocio y entregarlo a la Administración, esta lo estudiará y tiene de plazo 3 meses para contestar. Según la redacción legal de la subvención: "Si trascurrido ese plazo no se pronuncia, la ayuda se considerará desestimada".

Se pide:

1. ¿Es un caso de silencio administrativo?
2. ¿Se puede emprender alguna acción legal trascurridos los 3 meses de espera?

SOLUCIÓN

1. Efectivamente es un caso de silencio administrativo que considera desestimada la solicitud.
2. Para poder responder con seguridad a esta afirmación habríamos de conocer el texto completo de la orden que regula la subvención, ya que no sabemos si es un acto administrativo definitivo firme o definitivo.

---

 Actividades

17. ¿Cómo se interpreta el silencio administrativo en un banco?
18. ¿Sirve siempre como respuesta definitiva el silencio administrativo?

---

## 9. Normativa específica que regula la actuación y actos administrativos

Como se ha mencionado anteriormente, en España, la ley que regulaba estos aspectos era la Ley 30/1992, de 26 de noviembre, de Régimen Jurídico de las Administraciones Públicas y del Procedimiento Administrativo Común;

que ha sido parcialmente derogada por la Ley 39/2015, de 1 de octubre, del Procedimiento Administrativo Común de las Administraciones Públicas.

El objetivo de estas leyes responde a la creación de un marco de trabajo administrativo en base a la eficiencia y la justicia de la gestión de los procedimientos y actos administrativos. La misma establece las bases del régimen jurídico, el procedimiento administrativo común y el sistema de responsabilidad de las Administraciones Públicas, siendo aplicable a todas ellas y acota su regulación en su ámbito de aplicación, que tal y como contempla el Artículo 2, Ámbito subjetivo de aplicación:

*1. La presente Ley se aplica al sector público, que comprende:*

    *a. La Administración General del Estado.*

    *b. Las Administraciones de las Comunidades Autónomas.*

    *c. Las Entidades que integran la Administración Local.*

    *d. El sector público institucional.*

*2. El sector público institucional se integra por:*

    *a. Cualesquiera organismos públicos y entidades de derecho público vinculados o dependientes de las Administraciones Públicas.*

    *b. Las entidades de derecho privado vinculadas o dependientes de las Administraciones Públicas, que quedarán sujetas a lo dispuesto en las normas de esta ley que específicamente se refieran a las mismas, y en todo caso, cuando ejerzan potestades administrativas.*

    *c. Las Universidades públicas, que se regirán por su normativa específica y supletoriamente por las previsiones de esta ley.*

*3. Tienen la consideración de Administraciones Públicas la Administración General del Estado, las Administraciones de las Comunidades Autónomas, las Entidades que integran la Administración Local, así como los organismos públicos y entidades de derecho público previstos en la letra a) del apartado 2 anterior.*

*4. Las Corporaciones de Derecho Público se regirán por su normativa específica en el ejercicio de las funciones públicas que les hayan sido atribuidas por ley o delegadas por una Administración Pública, y supletoriamente por la presente ley.*

Igualmente la normativa base establece una serie de principios generales referidos a las Administraciones públicas:

1. Las Administraciones Públicas sirven con objetividad los intereses generales y actúan de acuerdo con los principios de eficacia, jerarquía, descentralización, desconcentración y coordinación, con sometimiento pleno a la Constitución, a la Ley y al Derecho.
Igualmente, deberán respetar en su actuación los principios de buena fe y de confianza legítima.
2. Las Administraciones públicas, en sus relaciones, se rigen por el principio de cooperación y colaboración, y en su actuación por los criterios de eficiencia y servicio a los ciudadanos.
3. Bajo la dirección del Gobierno de la Nación, de los órganos de gobierno de las comunidades autónomas y de los correspondientes de las entidades que integran la administración, la actuación de la administración pública respectiva se desarrolla para alcanzar los objetivos que establecen las leyes y el resto del ordenamiento jurídico.
4. Cada una de las Administraciones públicas actúa para el cumplimiento de sus fines con personalidad jurídica única.
5. En sus relaciones con los ciudadanos las Administraciones públicas actúan de conformidad con los principios de transparencia y de participación.

Por su importancia, requieren mención especial los derechos de los ciudadanos en cuanto a sus relaciones con las Administraciones públicas, siendo estos derechos los siguientes:

a. A conocer, en cualquier momento, el estado de la tramitación de los procedimientos en los que tengan la condición de interesados, y obtener copias de documentos contenidos en ellos.
b. A identificar a las autoridades y al personal al servicio de las Administraciones públicas bajo cuya responsabilidad se tramiten los procedimientos.
c. A obtener copia sellada de los documentos que presenten, aportándola junto con los originales, así como a la devolución de estos, salvo cuando los originales deban obrar en el procedimiento.

d. A utilizar las lenguas oficiales en el territorio de su comunidad autónoma, de acuerdo con lo previsto en esta Ley y en el resto del Ordenamiento Jurídico.

e. A formular alegaciones y a aportar documentos en cualquier fase del procedimiento anterior al trámite de audiencia, que deberán ser tenidos en cuenta por el órgano competente al redactar la propuesta de resolución.

f. A no presentar documentos no exigidos por las normas aplicables al procedimiento de que se trate, o que ya se encuentren en poder de la Administración actuante.

g. A obtener información y orientación acerca de los requisitos jurídicos o técnicos que las disposiciones vigentes impongan a los proyectos, actuaciones o solicitudes que se propongan realizar.

h. Al acceso a los registros y archivos de las Administraciones públicas en los términos previstos en la Constitución y en esta u otras leyes.

i. A ser tratados con respeto y deferencia por las autoridades y funcionarios, que habrán de facilitarles el ejercicio de sus derechos y el cumplimiento de sus obligaciones.

j. A exigir las responsabilidades de las Administraciones públicas y del personal a su servicio, cuando así corresponda legalmente.

k. Cualesquiera otros que les reconozcan la Constitución y las leyes.

## Modificación a través de la Ley 39/2015

La ley que inicialmente regulaba las Administraciones públicas fue la Ley 30/1992, de 26 de noviembre, de Régimen Jurídico de las Administraciones Públicas y del Procedimiento Administrativo Común; que fue derogada posteriormente por La ley 4/1999, de 13 de enero del mismo año en el BOE de 14 de enero de 1999, siendo esta última derogada por la Ley 39/2015, de 1 de octubre, del Procedimiento Administrativo Común de las Administraciones Públicas.

Estas leyes tienen por objeto la regulación de los requisitos de validez y eficacia de los actos y procedimientos administrativos, sancionadores y de reclamación, comunes a todas las Administraciones públicas.

Es necesario resaltar la importancia del artículo 125 que trata sobre el objeto y plazos de los actos administrativos, quedando de la siguiente manera:

1. Contra los actos firmes en vía administrativa podrá interponerse el recurso extraordinario de revisión ante el órgano administrativo que los dictó, que también será el competente para su resolución, cuando concurra alguna de las circunstancias siguientes:

    1. Que al dictarlos se hubiera incurrido en error de hecho, que resulte de los propios documentos incorporados al expediente.
    2. Que aparezcan documentos de valor esencial para la resolución del asunto que, aunque sean posteriores, evidencien el error de la resolución recurrida.
    3. Que en la resolución hayan influido esencialmente documentos o testimonios declarados falsos por sentencia judicial firme, anterior o posterior a aquella resolución.
    4. Que la resolución se hubiese dictado como consecuencia de prevaricación, cohecho, violencia, maquinación fraudulenta u otra conducta punible y se haya declarado así en virtud de sentencia judicial firme.

2. El recurso extraordinario de revisión se interpondrá, cuando se trate de la causa 1ª, dentro del plazo de cuatro años siguientes a la fecha de la notificación de la resolución impugnada. En los demás casos, el plazo será de tres meses a contar desde el conocimiento de los documentos o desde que la sentencia judicial quedó firme.
3. Lo establecido en el presente artículo no perjudica el derecho de los interesados a formular la solicitud y la instancia a que se refieren los artículos 102 y 105.2 de la presente ley ni su derecho a que las mismas se sustancien y resuelvan.

El Título VI, por su parte, recoge una serie de modificaciones en las disposiciones adicionales relacionadas con otras leyes y reales decretos a los que esta ley afecta y que son:

- Disposición adicional primera. Especialidades por razón de materia.
- Disposición adicional segunda. Adhesión de las Comunidades Autónomas y Entidades Locales a las plataformas y registros de la Administración General del Estado.

- Disposición adicional tercera. Notificación por medio de anuncio publicado en el «Boletín Oficial del Estado».
- Disposición adicional cuarta. Oficinas de asistencia en materia de registros.
- Disposición adicional quinta. Actuación administrativa de los órganos constitucionales del Estado y de los órganos legislativos y de control autonómicos.
- Disposición adicional sexta. Sistemas de identificación y firma previstos en los artículos 9.2 c) y 10.2 c).
- Disposición adicional séptima.
- Disposición adicional octava. Resoluciones de Secretaría General de Administración Digital del Ministerio de Asuntos Económicos y Transformación Digital que establezcan las condiciones de uso de sistemas de identificación y/o firma no criptográfica.

Disposiciones transitorias:

- Disposición transitoria primera. Archivo de documentos.
- Disposición transitoria segunda. Registro electrónico y archivo electrónico único.
- Disposición transitoria tercera. Régimen transitorio de los procedimientos.
- Disposición transitoria cuarta. Régimen transitorio de los archivos, registros y punto de acceso general.
- Disposición transitoria quinta. Procedimientos de responsabilidad patrimonial derivados de la declaración de inconstitucionalidad de una norma o su carácter contrario al Derecho de la Unión Europea.

Disposiciones derogatorias:

- Disposición derogatoria única. Derogación normativa.

Disposiciones finales:

- Disposición final primera. Título competencial.
- Disposición final segunda. Modificación de la Ley 59/2003, de 19 de diciembre, de firma electrónica.

■ Disposición final tercera. Modificación de la Ley 36/2011, de 10 de octubre, reguladora de la jurisdicción social.

■ Disposición final cuarta. Referencias normativas.

■ Disposición final quinta. Adaptación normativa.

■ Disposición final sexta. Desarrollo normativo de la Ley.

■ Disposición final séptima. Entrada en vigor.

 **Actividades**

19. Cite dos principios generales de actuación de las Administraciones públicas.
20. ¿Tienen la consideración de Administraciones públicas? Justifique la respuesta.

# 10. Resumen

Este capítulo supone un completo estudio acerca de los aspectos que envuelven el sistema formal de una reclamación, de manera que, estableciendo un camino principal marcado por la evolución de la reclamación, se establece una serie de vías complementarias que perfeccionan la comprensión de esta materia.

Las distintas vías que puede seguir una reclamación, ya sea de imposición física o de tramitación on-line, requiere una serie de pasos para una eficiente gestión administrativa de la misma y una correcta respuesta ante la petición que en ella se contiene.

Las competencias de las comunidades autónomas en esta materia, hacen necesario que se establezcan una serie de parámetros que guíen el procedimiento tanto de consumidores y usuarios como de las entidades reclamadas.

Y todo esto, no puede llevarse a cabo sin un notable conocimiento de los organismos susceptibles de intervención en un procedimiento de reclamación, tales como asociaciones de consumidores, Juntas Arbitrales, OMIC, etc.

Cierra este campo conceptual, la referencia normativa, que sirve como bibliografía y guía de los motivos expuestos en el entramado conceptual de este capítulo, siempre haciendo referencia a su concertación legal en el ámbito autonómico y local.

**Ejercicios de repaso y autoevaluación**

1. **De las siguientes frases, indique cuál es verdadera o falsa.**

   a. Existe un plazo de presentación de reclamaciones común a todos los sectores y todo el territorio nacional.

   ☐ Verdadero
   ☐ Falso

   b. Las asociaciones de consumidores pueden mediar entre reclamante y reclamado.

   ☐ Verdadero
   ☐ Falso

   c. Las Oficinas Municipales de Información al Consumidor pueden emitir Laudos.

   ☐ Verdadero
   ☐ Falso

   d. El Manual de procedimientos no incluye aspectos relacionados con los consumidores y usuarios de la entidad.

   ☐ Verdadero
   ☐ Falso

2. **Complete la siguiente tabla relacionada con el proceso de gestión de la reclamación.**

| |
| --- |
| Comunicación |
| Trazabilidad |
| |
| Investigación |
| Comunicación |
| |
| |

3. **Rellene los huecos para que la frase tenga sentido.**

   a. La fase en la que la reclamación se hace llegar a las partes implicadas en la misma es la _____.
   b. La comunicación de la decisión se puede llevar a cabo: bien por _____ o _____.
   c. La _____ se refiere al trato personalizado y directo con la persona crea un _____ a la función de atención al cliente.
   d. Cuando se procede al archivo y clasificación de la reclamación, hablamos de la fase de _____.

4. **¿Cuáles de las siguientes entidades desempeñan funciones de mediación entre consumidor y empresa?**

   a. OMIC
   b. Junta Arbitral
   c. Asociaciones de Consumidores
   d. Todas las opciones son correctas.

5. **Una de las Leyes Base de regulación del procedimiento administrativo es:**

   a. Ley 4/1989, de 13 de enero, de modificación de la Ley 30/1992, de 26 de noviembre, de Régimen Jurídico de las Administraciones Públicas y del Procedimiento Administrativo Común.
   b. Ley 14/1992, de 13 de noviembre, de Régimen Jurídico de las Administraciones Públicas y del Procedimiento Administrativo Común.
   c. Ley 39/2015, de 1 de octubre, del Procedimiento Administrativo Común de las Administraciones Públicas.
   d. Las opciones a y c son correctas.

6. **Determina si la siguiente oración es verdadera o falsa:**

   La Ley 39/2015, de 1 de octubre, del Procedimiento Administrativo Común de las Administraciones Públicas es una norma indefinida que no podrá ser derogada hasta el año 2025.

   ☐ Verdadero
   ☐ Falso

7. **El silencio administrativo puede ser...**

   a. ... tácito o expreso.
   b. ... positivo o negativo.
   c. ... supuesto o tácito.
   d. Todas las opciones son incorrectas.

8. **Una multa de Hacienda por haber aplicado una deducción inadecuada es:**

   a. Publicación.
   b. Acto supuesto.
   c. Notificación individual.
   d. Todas las opciones son correctas.

9. Un procedimiento especial puede ser...

    a. ... sancionador.
    b. ... extrajudicial.
    c. ... de responsabilidad patrimonial.
    d. Las opciones a y c son correctas.

10. Indique las tres grandes líneas sobre las que se asientan las funciones más habituales del Departamento de Atención al Cliente.

    _____
    _____
    _____
    _____
    _____
    _____
    _____

11. Señale las cuatro fases de la parte interna de la Reclamación sin terceros.

    _____
    _____
    _____
    _____
    _____
    _____
    _____

12. Enumere tres características de las acciones llevadas a cabo por el Departamento de Atención al Cliente.

    _____
    _____
    _____
    _____
    _____
    _____
    _____

**13.** Defina la Ficha de Cliente e indique sus partes.

_____

_____

_____

_____

**14.** Relacione cada concepto de una columna con otro de la siguiente para que las cuatro parejas tengan relación.

    a. Departamento

    b. Hoja

    c. Junta

    d. Asociación

    __ Atención al Cliente

    __ Arbitral

    __ Consumidores

    __ Reclamaciones

**15.** Averigüe los conceptos de las siguientes definiciones.

    1. Supone la expresión formal de una insatisfacción de un cliente hacia el producto o servicio recibido por la empresa. _____

    2. Parte de la mediación que supuestamente ha visto vulnerados sus derechos. _____

    3. Unión, se dice de la Arbitral. _____

    4. Se dice del sistema extrajudicial que intermedia entre consumidor y empresa y es de obligatorio cumplimiento para ambos. _____

    5. "Sentencia" emitida por la Junta Arbitral. _____

Capítulo 3
# Mediación y arbitraje en materia de consumo

# Contenido

# 1. Introducción

Dentro del abanico de posibilidades que presenta el marco normativo español para la defensa de los derechos de consumidores y usuarios, uno de los más importantes es la mediación y arbitraje de consumo.

Este capítulo justifica un estudio pormenorizado de todos y cada uno de los aspectos y elementos que relacionan cada uno de ellos, desde los pasos previos a la gestión, hasta la resolución del conflicto, con paradas conceptuales en todos y cada uno de los procesos que afectan al complejo sistema de gestión de quejas y reclamaciones a través de la mediación y el arbitraje.

Para ello, este capítulo está apoyado en el marco legal que establece, a nivel nacional, el procedimiento operacional para la mediación y arbitraje de consumo, así como todos aquellos aspectos que de ellos se desprenden.

El objetivo principal de este entramado de contenidos se basa en el conocimiento del lector relativo a los procesos que conlleva este sistema tanto para consumidores y usuarios, como para empresas reclamadas, como para terceros que intervienen en la resolución del conflicto planteado.

# 2. Conceptos y características

Llegado el momento de entrar en la definición conceptual, se introducirán a continuación los términos de referencia para el estudio y comprensión de este capítulo, así como las principales características de cada uno de ellos.

## 2.1. Árbitro

Según el diccionario de la Real Academia Española de la Lengua, arbitrar es "Dicho de un tercero: Resolver, de manera pacífica, un conflicto entre partes", entre otras acepciones relacionadas con la potestad de una persona para ejercitar el arbitrio.

**Arbitrio** es, según esta misma fuente, "Facultad que tiene el hombre de adoptar una resolución con preferencia a otra".

Recurriendo al término coloquial de esta palabra, se podría perfilar el concepto de árbitro como aquella persona, en cuyo ejercicio de autoridad y poder sobre una situación, se encarga de decidir la mejor resolución para una tesitura planteada.

La característica básica del árbitro que a la vez lo diferencia de otros conceptos similares, es que posee autoridad sobre el cumplimiento de su voluntad o decisión para ambas partes.

## 2.2. Mediador

Por su parte, al hablar de mediador, se habla de un concepto similar, en líneas generales, al de árbitro, pero muy diferente en cuanto a su contenido.

Mediador es la persona o entidad que se sitúa en la parte central de la comunicación de un conflicto, e intenta resolverlo en base a un talante amistoso, conciliador y beneficioso para ambas partes.

La diferencia básica con el árbitro es que el mediador no posee poder coercitivo para las partes, es decir, no tiene autoridad para que ambas partes cumplan su voluntad.

 **Actividades**

1. Realice una comparación entre mediador y árbitro e indique sus principales diferencias.
2. Explique con sus palabras el significado de "Arbitrio".

## 2.3. Partes implicadas

Para que exista conflicto, donde sea necesario un eje interventor que ayude a la resolución del mismo, debe haber al menos dos partes entre las que mediar o arbitrar.

Así, entendemos el concepto de partes implicadas como las circunstancias presentadas por las personas o entidades que han de relacionarse con un fin común o una meta determinada, que son incapaces por sí mismas de llegar a un acuerdo determinado, cierto y amistoso.

Evidentemente, al hablar de partes implicadas, se da por hecho la existencia de un conflicto, y a la vez ese conflicto debe desaparecer para seguir el camino hacia la consecución de los objetivos previstos por las partes relacionadas. De manera que para poder seguir la andadura planificada, haya de resolverse el conflicto.

 **Ejemplo**

Una obra de teatro representa un partido de futbol entre el Ebro F.C. con el C.F. Río Guadalquivir en la batalla por conseguir el preciado Título Nacional Montes de Toledo. Alonso entra a sentarse y ve que su butaca está ocupada por otra persona con el mismo boleto, juntos acuden a la recepción informándoles del problema: los dos tienen la misma ubicación en el palco. Desde la organización acuerdan colocar a Alonso en un sitio similar al que compró, y como compensación le abonan a los dos el importe de las entradas por el inconveniente ocasionado. De esta manera se puede continuar con la acomodación de los espectadores y la obra puede continuar.

En el campo propio de consumo, se disponen dos partes implicadas principalmente:

- **Consumidor o Usuario:** es la parte que realiza voluntariamente la acción de adquisición de un producto o servicio.

- **Entidad productora:** es la posición que realiza la venta del producto o la prestación del servicio.

En un paso más, y derivado de lo anterior, se pueden considerar otras variaciones en las partes implicadas en el conflicto que, aun no alterando su raíz básica, presentan diferencias, este es el caso de los representantes de las partes, que actuando en nombre propio, representan los intereses de terceros.

 ## Aplicación práctica

David va a solicitar un arbitraje a la Junta Arbitral de su ciudad porque ha adquirido una moto que consume mucho más combustible del que inicialmente le dijeron, le hablaron de 3 l/100 km y la moto en su ordenador marca 13 l/100 km. Desde la secretaria de la Junta Arbitral se le indica el procedimiento para que en una primera fase se comunique él directamente con la empresa e intente resolver el conflicto. Si la respuesta que la empresa da no es adecuada o no le conforma, ha de volver y estudiar el caso para presentar una solicitud de arbitraje.

David se comunica con la empresa vendedora, y esta le comenta que ha sido un fallo que presenta esa gama de motocicletas, que tiene un escape de fuel, así que en una semana le dan una nueva.

¿Se trata de mediación o arbitraje la acción realizada por David?

¿Es correcto el protocolo de actuación indicado desde la Junta Arbitral de Consumo?

SOLUCIÓN

1. No es mediación ni arbitraje, porque para que se dé alguna de las dos como requisito principal debe darse la existencia de un tercero, cosa que aquí no ocurre porque se resuelve directamente entre consumidor y empresa.
2. Es correcto, antes de solicitar mediación o arbitraje, debe existir un primer paso directo entre consumidor y empresa que pretenda solucionar el problema.

## 2.4. Materias susceptibles de mediación/arbitraje de consumo

Entrando de lleno en la temática que ocupa este manual, las materias que pueden ser objeto de conflictos que han de ser solucionados son muchas y muy variadas.

Consideramos una materia de consumo susceptible de conflicto entre las partes como aquella variable asociada a la acción de consumir, que puede generar controversia entre las partes a la hora de asegurar que se respeten los derechos básicos de los consumidores y usuarios establecidos en la ley.

El Real Decreto 713/2024, de 23 de julio, por el que se aprueba el Reglamento que regula el Sistema Arbitral de Consumo, y que más adelante se estudiará con detenimiento; en su Artículo 2 trata las materias objeto del arbitraje de consumo, indicando los siguientes puntos importantes:

- Únicamente podrán ser objeto de arbitraje de consumo los conflictos surgidos entre los consumidores o usuarios y las empresas o profesionales en relación a los derechos legales del consumidor.
- Quedan por tanto excluidos los conflictos relativos a materias sobre intoxicación, lesión, muerte o aquellos en que existan indicios racionales de delito, incluida la responsabilidad por daños y perjuicios directamente derivada de ellos.

 Actividades

3. ¿Dónde debería recurrir una persona que se ha intoxicado con el consumo de un pollo asado en mal estado?
4. ¿Es objeto de arbitraje la negación de garantía de un producto nuevo en una gran superficie comercial?

Dentro de estas dos líneas generales, las materias más usuales de conflictos en las mediaciones y arbitrajes son las referidas a:

- **Precio:** fundamentalmente el incluido en contratos que posteriormente no es respetado por la parte reclamada.
- **Plazo:** en tanto que no se respeten plazos asociados a la compra como periodo de devolución, de garantía, etc.
- **Privacidad:** relativos al incumplimiento, por parte de las empresas, de cláusulas contenidas en la Ley de Protección de Datos Personales y Garantía de los Derechos Digitales.
- **Legalidad:** cuando la compra o el consumo de servicio presenta aspectos irregulares no contemplados por una ley, por ejemplo, venta de un vehículo sin la documentación asociada al mismo.
- **Sanidad:** aunque asociado al anterior, por su carácter de ilegalidad, son las materias de reclamación relacionadas con incumplimiento de parámetros legales como no existencia de información de ingredientes/composición en un producto alimenticio; pero también se incluyen las derivadas de faltas sanitarias, como mal estado de mantenimiento, falta de forma según lo previsto. Por ejemplo, un jamón que a pesar de cumplir los preceptos sanitarios (caducidad, composición, etc.), al abrirlo está putrefacto en la parte pegada al hueso.
- **Utilidad:** referidas a la carencia de funciones del producto según las ofertadas en el momento de la compra. Ejemplo, un reloj que se vende con una función de iluminación nocturna fluorescente y cuando llega el momento y las condiciones no presenta esa característica.
- **Garantía:** uno de los puntos más conflictivos en la relación consumidor-profesional/empresa es el relativo a las garantías, puesto que surgen muchas controversias relacionadas con los aspectos cubiertos por ellas o causados por una manipulación incorrecta por parte del consumidor.
- **Otros aspectos del contrato:** relativos a cláusulas contractuales y legales del contrato que no son llevadas a la práctica de forma efectiva por parte de la empresa o profesional. Ejemplo típico son empresas que te ofrecen regalos de bienvenida como cliente y una vez formalizado el contrato no los entregan o lo entregado no responde a lo previsto.

## Aplicación práctica

José cierra cuenta en su Caja de ahorros porque el banco ha cambiado sus condiciones de mantenimiento de cuentas corrientes. Puesto que el cambio es unilateral, se le da al cliente un plazo para que desista de su relación contractual con la entidad. Así lo hace José. Pero cuál es su sorpresa cuando dos días después su madre le dice que en una cuenta que compartían en esa misma entidad le han cobrado un importe de 25 € por gastos de cierre y de gestión de otra cuenta. José entra en cólera y se dirige a la entidad a pedir explicaciones, a lo que su directora le contesta que es su nueva política de gestión.

¿Qué materias pueden ser objeto de reclamación de consumo?

¿Existe posibilidad de mediación o arbitraje? ¿Por qué?

### SOLUCIÓN

1. Las materias objeto de reclamación son varias:

   ▪ Aplicación de condiciones contractuales de forma unilateral, porque José nunca aceptó las nuevas condiciones.
   ▪ Manipulación de datos, puesto que han cobrado las comisiones en una cuenta que no es la correspondiente, puesto que la cuenta donde ha sacado el dinero sin autorización es compartida entre José y su madre.

2. Existe posibilidad de mediación y arbitraje porque existe una relación contractual cliente-empresa que no se ha respetado en las condiciones inicialmente pactadas, por lo que la situación es susceptible de reclamación.

## Sabía que...

Todos estos aspectos están asociados a la relación persona consumidora frente a profesional empresa. Las transacciones entre particulares no están sujetas a tal regulación, de ahí el alto grado de fraudes en este tipo de operaciones comerciales.

## 3. La mediación

Como se ha tratado anteriormente, la mediación responde al primer paso en la solución amistosa y beneficiosa para ambas partes con la intervención de un tercero.

Este apartado va a desarrollar el estudio en profundidad de sus requisitos, características, procedimientos y entes encargados de llevarlas a cabo.

### 3.1. Personas jurídicas y físicas que intervienen en la mediación

Según la Real Academia Española, **mediación** se corresponde con "Acción y efecto de mediar", siendo la acción **mediar** "Interponerse entre dos o más que riñen o contienden, procurando reconciliarlos y unirlos en amistad".

Será ese término último, amistad, el que dé la pauta de partida para trabajar el concepto de mediación en base a consumo, diferenciándose de otras materias como el arbitraje.

En Derecho, mediación es un método de resolución alternativa de conflictos respecto a los trámites jurídicos ordinarios, de esta forma se logra rebajar la carga judicial de los asuntos, que debido a su carácter, pueden acogerse a una mediación entre las partes.

La mediación o el acto de mediar están basados en los siguientes puntos de referencia social:

- Ejercicio de la democracia.
- La pacificación social.
- La comunicación.
- El respeto y la educación.
- El civismo.

El mediador es el tercero que se encarga de llevar a cabo la acción de mediar, acción basada en el principio de neutralidad, de manera que de forma objetiva busque la mejor solución para solucionar el conflicto entre las partes.

La resolución de la mediación por parte del mediador no es coercitiva, sino voluntaria, el incumplimiento por parte de alguna de las partes no tiene consecuencia jurídica alguna.

 **Sabía que...**

No se ha de confundir el término mediación con el de conciliación jurídica, puesto que el primero se basa en la interrelación amistosa y complementaria de las partes, la conciliación jurídica se basa en la imparcialidad y justicia y el acuerdo obtenido en la mediación no es vinculante mientras que en la conciliación sí lo es y tiene consecuencias jurídicas en caso de incumplimiento.

Para empezar a hablar de mediación, es necesario que exista un conflicto entre dos partes, y esas partes deben responder a los siguientes criterios distintivos:

- De una parte, un consumidor o usuario que ejercitando libremente sus derechos realiza una compra o consume un servicio.
- De la otra, una empresa, profesional u entidad que ofrece un servicio de forma legal y voluntaria a potenciales clientes-consumidores.

La mediación, en relación al estudio del tercero encargado de llevarla a cabo, puede ser titularizada por un amplio abanico de entidades o personas, desde el ámbito más informal, hasta el más riguroso.

Al igual que otros procesos de intervención entre los conflictos de consumo, la mediación requiere que previamente se haya producido un intento de conciliación por parte del consumidor hacia la empresa a través de su Departamento de Atención al Cliente.

Las asociaciones de consumidores y usuarios pueden ejercer estas acciones de intermediación entre consumidores y usuarios, y empresas y profesionales, una vez estudiado el hecho que denuncia el consumidor o usuario.

## 3.2. Requisitos exigibles

Para que exista mediación, ha de darse un conflicto entre las partes implicadas; teniendo en cuenta este requisito básico y fundamental para la existencia de la mediación, se van a desarrollar a continuación otra serie de requisitos asociados al hecho de mediar:

- **Autorización del tercero:** debe existir voluntariedad del consumidor hacia la mediación de este tercero.
- **Acceso a los datos:** para que exista mediación, debe evaluarse la situación, para eso es necesario que se faciliten los datos.
- **Voluntad de las partes:** en tanto que ambas partes acepten la concurrencia de la mediación, puesto que si una de ellas se niega, no da lugar tal circunstancia.
- **Legalidad:** la mediación se asocia a una transacción que debe estar sujeta a los parámetros que marca la Constitución Española, el Código Mercantil y el marco normativo específico que afecte a la misma.
- **Objetividad:** debe darse una interpretación clara y contundente de los hechos, sin que haya componentes interpretados ni supuestos.
- **Imparcialidad:** la figura del mediador, debe estar concebida bajo la seña de la imparcialidad, por lo que se excluye cualquier relación que pudiera darse con alguna de las partes.

Al no disponerse de consecuencias jurídicas en caso de incumplimiento de la resuelta de la mediación por alguna de las partes, el inconveniente principal es que agota otras vías de reclamación o denuncia.

 Sabía que...

La consecuencia jurídica es el resultado de una situación jurídica reconocida en el marco legal y ejercida en base al comportamiento ciudadano, es decir, es el fin al que se obliga la persona (física o jurídica) que realiza un acto recogido en la ley. Las consecuencias jurídicas pueden ser positivas o negativas para el sujeto que las realiza.

 Aplicación práctica

Nicolás y Alejando van a comprar un coche para ir y venir a la Universidad, para ello se meten en una conocida página de compraventa de artículos usados en Internet y compran un precioso coche por un precio increíble: 1.000 €, más 200 de transporte desde Zaragoza a Benalup Casas Viejas, que es su ciudad de origen.

Cuando a la semana siguiente reciben el coche, se dan cuenta que no tiene permiso de circulación ni documentación técnica. Nicolás dice que va a recurrir a una mediación o arbitraje porque es una vulneración de sus derechos en materia de legalidad de la transacción, ya que por ley todo vehículo debe estar provisto de estos dos documentos.

¿Es correcta la afirmación de Nicolás sobre la legalidad de la transacción?

¿Dónde puede acudir para solucionar el problema?

SOLUCIÓN

Es correcta la afirmación de Nicolás, puesto que es una transacción que no responde a los preceptos legales de nuestro ordenamiento jurídico relativo a tenencia de vehículos.

No puede acudir a ningún sistema de mediación y arbitraje puesto que la relación no es consumidor–profesional/entidad, sino que es una transacción entre particulares no cubierta por los supuestos del arbitraje ni la mediación de consumo. La solución es acudir a la autoridad judicial y presentar una demanda judicial.

## 3.3. Procedimientos seguidos

Llegado el momento de efectuar la mediación, se pueden dar diferentes procedimientos en función de la forma y la complejidad. A continuación, se van a exponer los procedimientos más habituales de mediación.

### Procedimiento de Mediación directa entre las partes

En este caso, existe un tercero que, escuchadas ambas partes, establece una comunicación bidireccional con cada una de ellas para escuchar alternativas para la posible solución; en el caso de no encontrar un consenso, establece una decisión justa bajo su criterio.

La figura de mediador en este caso parte de una OMIC (Oficina Municipal de Información al Consumidor) o de una asociación de consumidores y usuarios o cualquier otro órgano que la administración autonómica o local considere legitimado para ello según sus competencias atribuidas.

Este tipo de resolución juega una ventaja, que es la dinamización de su gestión, pero tiene el inconveniente de que no es de obligatorio cumplimiento para las partes, es decir, si alguna incumple su parte de la solución de la mediación, no tiene responsabilidad jurídica al respecto.

### Mediación arbitral: Arbitraje

Se da cuando las partes acuden al sistema que regula el Real Decreto 713/2024, de 23 de julio, por el que se aprueba el Reglamento que regula el Sistema Arbitral de Consumo; y que, debido a su importancia, recibirá un tratamiento especializado en el apartado siguiente.

En este caso, las partes acuden a una Junta Arbitral y se obligan al cumplimiento de su resolución arbitral, que se denomina Laudo. En caso de que alguna de las partes no lo cumpla, se someterá a la responsabilidad judicial por el incumplimiento.

 **Actividades**

5. ¿Qué diferencia existe entre imparcialidad y objetividad en la mediación?
6. ¿Puede obligarse a alguna de las partes a la mediación? Razonar la respuesta.

## 3.4. Marco normativo de la Mediación en España

En el estudio del marco normativo relacionado con la mediación en España, se va a contemplar desde diferentes niveles de concreción territorial para un enfoque analítico más correcto y concreto.

### A nivel europeo

Las raíces europeas de la mediación nacen en el marco de la Unión Europea en base al Derecho al acceso a la justicia de los consumidores.

De ahí, la premisa legal europea de la mediación como medida alternativa de resolución de conflictos, parte de la elaboración de la Directiva 2008/52/CE, del Parlamento Europeo de 21 de mayo de 2008, elaborada en base al cuestionario que a través de Libro Verde sobre las medidas alternativas a la resolución de conflictos que fue enviado a todos los Estados Miembros a fin de valorar los Sistemas Alternativos de Resolución de Conflictos (ADR, *Alternative Dispute Resolution*).

La Directiva 2008/52/CE se limita a establecer unas normas mínimas para fomentar la mediación en los litigios transfronterizos en asuntos civiles y mercantiles.

### A nivel nacional

En materia de consumo, la regulación en España, está más limitada en materia de consumo a pesar de las directrices europeas, se limita al Artículo 51 de la Constitución Española y otras incursiones en legislaciones de materias relacionadas.

*Artículo 51 de la Constitución Española:*

1. *Los poderes públicos garantizarán la defensa de los consumidores y usuarios, protegiendo, mediante procedimientos eficaces, la seguridad, la salud y los legítimos intereses económicos de los mismos.*

*2. Los poderes públicos promoverán la información y la educación de los consumidores y usuarios, fomentarán sus organizaciones y oirán a estas en las cuestiones que puedan afectar a aquellos, en los términos que la ley establezca.*

*3. En el marco de lo dispuesto por los apartados anteriores, la ley regulará el comercio interior y el régimen de autorización de productos comerciales.*

## A nivel autonómico

Es este ámbito el que mayor normativa relativa a la mediación de consumidores y usuarios realiza, en cambio, su aplicación y efectos siguen las pautas establecidas en la normativa europea y nacional.

Ejemplos de esta normativa autonómica quedan reflejados en marcos normativos tales como por ejemplo: Estatuto de los Consumidores y Usuarios de Baleares y Estatuto de las personas consumidoras y usuarias del País Vasco.

## Sabía que...

La mediación, pese a su escaso reconocimiento legal en relación a otras materias como el arbitraje, es el paso previo que ha de darse en la solución de conflictos de consumo planteados.

## Actividades

7. ¿Pueden existir dos tratamientos legales autonómicos distintos en materia de defensa de consumidores?
8. ¿Es legal una normativa autonómica que contradiga la normativa nacional en materia de mediación?

## 4. El arbitraje de consumo

Arbitrar entre las partes supone estudiar las posturas de las partes implicadas, así como, en base a unos criterios establecidos, decidir una solución para el conflicto, que cumpla los requisitos del arbitraje y sea de obligatorio cumplimiento para las partes.

### 4.1. Personas jurídicas y físicas que intervienen en el arbitraje

Al igual que ocurre en la mediación, el arbitraje se compone de las dos partes contrapuestas ante un conflicto de consumo planteado, así se puede caracterizar cada una de las partes tal y como se explica a continuación.

**Denunciante-consumidor (o representante)**

Se trata de la persona física o su representante, que en este caso puede ser una entidad (Asociación de Consumidores y Usuarios) que tras realizar la acción de consumo o uso de un servicio prestado por una entidad o profesional, ve vulnerados sus derechos debido a la acción de consumir o alguna de sus características asociadas.

**Reclamado-Entidad vendedora/productora/dispensadora**

De otra parte surge la parte que supuestamente causa el daño o no responde con su actividad a los derechos básicos de los consumidores o usuarios que hacen uso de sus servicios o adquieren sus productos.

**El caso especial de reclamante colectivo**

Existe la posibilidad de lo que se conoce como el Arbitraje de Consumo Colectivo el cual tiene por objeto la resolución en un único procedimiento arbitral un hecho que haya podido dañar a varios consumidores y usuarios.

Estos pueden estar representados en el Sistema Arbitral por una sola entidad (Asociación de Consumidores y Usuarios) pero bajo la defensa común de cada uno de los consumidores afectados por el hecho que ha llevado al conflicto.

Aunque todos los capítulos del Real Decreto 713/2024, de 23 de julio, por el que se aprueba el Reglamento que regula el Sistema Arbitral de Consumo son importantes, el que se debe leer con más detenimiento es el capítulo IV dedicado al procedimiento arbitral y en el que se establece el procedimiento y las actuaciones que se pueden llevar a cabo mediante dicho sistema.

 **Aplicación práctica**

Carmen y Javi compraron un coche nuevo con el dinero de sus ahorros. Los primeros días con el coche fueron agradables, pero un día de lluvia se dieron cuenta de que el coche tenía goteras porque los cierres de las puertas y el techo solar estaban defectuosos, la tapicería de alta calidad se estropeó y el coche quedó hecho un desastre.

Fueron a solicitar una reclamación ante la Junta Arbitral de Serón, su ciudad, porque la empresa le había dicho que no se hacía cargo porque el coche estaba bien en el momento de su salida del concesionario.

Carmen quiso realizar una reclamación colectiva, es decir, una por su parte y otra por la de su novio porque el dinero era de los dos y porque así haría más peso ante la empresa, ya que ella conoce la posibilidad legal de reclamación colectiva.

¿Es factible la intención de Carmen?

¿Qué procedimiento han de seguir?

**SOLUCIÓN**

No, no es factible, ya que aunque son dos personas las damnificadas el daño es el producido por la compra de un único artículo, la reclamación colectiva se refiere a varios consumidores que han comprado varios artículos con los mismos desperfectos o daños.

El procedimiento a seguir es sencillo, lo mismo que tenían previsto solo que en vez de dos reclamaciones, efectuarían una única reclamación.

## 4.2. Ordenamiento jurídico de arbitraje nacional e internacional

El sistema arbitral de consumo, viene regulado en el Real Decreto 713/2024, de 23 de julio, por el que se aprueba el Reglamento que regula el Sistema Arbitral de Consumo.

Los antecedentes a este sistema se encuentran en la Ley 26/1984, de 19 de julio, General para la Defensa de los Consumidores y Usuarios, donde se preveía que el Gobierno debía establecer, previa audiencia de los sectores interesados y de las asociaciones de consumidores y usuarios (Artículo 31).

Más adelante, a través del Real Decreto 636/1993, de 3 mayo, se llevó a cabo la primera regulación del Sistema Arbitral de Consumo.

Finalmente la Ley 44/2006, de 29 de diciembre, de mejora de la protección de los consumidores y usuarios, estipuló un año de plazo (desde su entrada en vigor), para que el Gobierno, apoyado por las comunidades autónomas, dictara una nueva regulación del Sistema Arbitral de Consumo, regulando también el arbitraje virtual.

Así se publicó el Real Decreto 231/2008, de 15 de febrero, que regula el Sistema Arbitral de Consumo, que fue derogado el 24 de julio de 2024 una vez publicado el día anterior el Real Decreto 713/2024, de 23 de julio, por el que se aprueba el Reglamento que regula el Sistema Arbitral de Consumo.

El Artículo 1 hace referencia al objeto por el que se promulga dicho real decreto:

*Artículo 1. Objeto*

1. *El presente Reglamento tiene por objeto regular la organización y los procedimientos del Sistema Arbitral de Consumo.*

2. *Mediante el arbitraje de consumo los órganos arbitrales resuelven de forma extrajudicial, con carácter vinculante y ejecutivo para las partes, los litigios, nacionales o transfronterizos, dirigidos a empresarios y que son sometidos a su decisión por consumidores o usuarios residentes en la Unión Europea al considerar que existe una vulneración de sus derechos legal o contractualmente reconocidos.*

3. La sumisión al arbitraje de consumo tiene naturaleza voluntaria para las partes que mantienen la controversia.

## 4.3. Institucionalización del arbitraje

La organización institucional del Sistema Arbitral de consumo viene regulada en el Artículo 3 del Real Decreto 713/2024, de 23 de julio, sobre la composición del Sistema Arbitral de consumo, enunciando que "El Sistema Arbitral de Consumo está integrado por las Juntas Arbitrales de Consumo, los órganos arbitrales que deciden los litigios, la Comisión de Juntas Arbitrales de Consumo y el Consejo del Sistema Arbitral de Consumo".

Cada uno de estos organismos son desarrollados en el Capítulo II de este Real Decreto, en concreto el Artículo 4 y siguientes desarrollan el organigrama institucional.

### Juntas Arbitrales de Consumo

Vienen reguladas en el Capítulo II, sección 3ª del Real Decreto 713/2024, de 23 de julio, como los órganos administrativos que gestionan el arbitraje a nivel administrativo y técnico tanto con las partes implicadas en el conflicto, como con los árbitros.

Posteriormente se profundizará en la composición y funcionamiento de estos órganos colegiados.

### Comisión de las Juntas Arbitrales de Consumo

Por su parte, el Artículo 16 del Real Decreto 713/2024, de 23 de julio, contempla la naturaleza de la Comisión de las Juntas Arbitrales de Consumo como *"un órgano colegiado, adscrito funcionalmente al Ministerio con competencias en materia de consumo"*.

Entre sus funciones, que se desarrollarán más adelante, se encuentra resolver los recursos interpuestos contra las resoluciones de admisión o inadmisión.

La Comisión de las Juntas Arbitrales de Consumo está compuesta por un presidente, cuyo cargo recae en la persona titular de la Presidencia de la Junta Arbitral Nacional, que ostentará a su vez la presidencia, y por dos vocales, uno designado por la Comisión Sectorial de Consumo y otro por la asociación de mayor implantación en el ámbito estatal representativa de las entidades locales que ostenten la presidencia de una Junta Arbitral territorial. Además, existe la figura del Secretario, perteneciente a la Junta Arbitral Nacional.

La Comisión de las Juntas Arbitrales podrá solicitar la asistencia y apoyo de personas acreditadas como árbitros en cualquier Junta Arbitral de Consumo, requiriendo a estas su designación, con carácter general para cualquier asunto o para algunos en concreto, con el único requisito de que acrediten una amplia experiencia sobre la materia de que se trate.

Los vocales, pueden ser reelegidos al finalizar el plazo de dos años de mandato y por un máximo de 4 años.

### Consejo General del Sistema Arbitral de Consumo

Se desarrolla en la sección 4ª (artículos 19 a 22 incluidos) del citado real decreto, y es el órgano colegiado, de representación y participación, adscrito funcionalmente a la Dirección General de Consumo. Está compuesto por presidente, vicepresidente y consejeros.

La figura de presidente del Consejo General del Sistema Arbitral de Consumo es llevada a cabo por la persona titular de la Dirección General de Consumo.

La vicepresidencia es desempeñada por la persona titular de la presidencia de la Sección de Arbitraje y Reclamaciones de la Comisión Sectorial de Consumo.

Los consejeros, con un mandato que por regla general es de cuatro años, son:

- El presidente de la Junta Arbitral Nacional.
- Cuatro presidentes de las Juntas Arbitrales territoriales, designados por la Comisión Sectorial de Consumo y por la asociación de mayor implantación en el ámbito estatal representativa de las entidades locales.

- Dos representantes de las autoridades de consumo de las comunidades autónomas y de las ciudades de Ceuta y Melilla, designados por la Comisión Sectorial de Consumo.
- Un representante de la asociación de entidades locales con mayor implantación en el ámbito estatal, designado por dicha asociación.
- Un representante del Consejo de Consumidores y Usuarios, designado por este órgano.
- Un representante de las organizaciones empresariales, designado por las organizaciones más representativas de ámbito estatal.

Por su parte, la secretaría será desempeñada por el titular de la Subdirección General de Regulación y Derechos de las Personas Consumidoras de la Dirección General de Consumo.

 **Actividades**

9. Indique las diferencias entre Comisión de las Juntas Arbitrales de Consumo y Consejo General del Sistema Arbitral de Consumo.
10. ¿Qué papel juega la persona titular de la Dirección General de Consumo?

## Órganos arbitrales

Los órganos arbitrales son los competentes para decidir sobre la solución de los conflictos, están asistidos por el secretario arbitral, al que corresponde, entre otras funciones, velar por el cumplimiento de las decisiones que adopten los órganos arbitrales en el ejercicio de su función. Este papel corresponde a los árbitros designados en cada Junta Arbitral.

El secretario arbitral es el secretario de la Junta Arbitral de Consumo o el designado por el presidente de la Junta Arbitral de Consumo, de entre todas las personas que presten sus servicios en ella, con carácter permanente o para un procedimiento o procedimientos concretos.

Los órganos arbitrales pueden ser de dos tipos fundamentalmente según su composición:

- **Unipersonales:** el árbitro.
- **Colegiados:** se trata de un colegio arbitral integrado por tres árbitros elegidos entre los propuestos por la Administración, las Asociaciones de Consumidores y Usuarios y la Organizaciones empresariales y Profesionales.

## 4.4. Organigrama funcional

Una vez desarrollado el elenco institucional que acompaña la protección de los derechos de consumidores y usuarios en materia de consumo, es el momento de introducir el abanico de funciones asociadas a cada una de ellas.

### Funciones de las Juntas Arbitrales de Consumo

Vienen reguladas en el Artículo 6 del Real Decreto 713/2024, de 23 de julio, y, las más destacadas son las siguientes:

a. Fomentar el arbitraje de consumo entre los consumidores, empresarios y las asociaciones u organizaciones que les representan a ambos, procurando la adhesión de las empresas al Sistema Arbitral de Consumo.

b. Conocer de las ofertas públicas de adhesión al Sistema Arbitral de Consumo sobre las que resulten competentes, así como conceder y retirar el distintivo de empresario adherido.

c. Gestionar y mantener actualizados, los datos de los empresarios que hayan efectuado ofertas públicas de adhesión, mientras estas se encuentren en vigor.

d. Comunicar al Ministerio con competencias en materia de consumo los datos actualizados de los empresarios que hayan realizado ofertas públicas de adhesión al Sistema Arbitral de Consumo.

e. Elaborar y actualizar la lista de las personas acreditadas como árbitros.

f. Facilitar una solución consensuada entre el consumidor o usuario que presenta una solicitud de arbitraje y el empresario reclamado siempre que se considere objetivamente posible, con el fin de evitar el inicio del procedimiento judicial.

g. Admitir, inadmitir o archivar las solicitudes de arbitraje recibidas, así como impulsar y gestionar los procedimientos arbitrales de consumo.

h. Proveer de medios y realizar las actuaciones necesarias para el mejor ejercicio de las funciones de los órganos arbitrales.

i. Publicar en su portal de internet información anual sobre la actividad desarrollada conforme a lo previsto en el artículo 38 de la Ley 7/2017, de 2 de noviembre, por la que se incorpora al ordenamiento jurídico español la Directiva 2013/11/UE, del Parlamento Europeo y del Consejo, de 21 de mayo de 2013, relativa a la resolución alternativa de litigios en materia de consumo.

j. Publicar los laudos emitidos respetando la privacidad de las partes.

k. Poner a disposición de los consumidores y empresarios los formularios de solicitud de arbitraje, de contestación y de aceptación de esta, así como de ofertas públicas de adhesión al Sistema Arbitral de Consumo.

l. Cualquier otra actividad relacionada con el desarrollo de las funciones que le son propias.

 **Aplicación práctica**

Juan y Mery se compran un coche nuevo con la llegada de su primera niña, Silvia. Cuando llegado los meses de calor, dos meses después de la compra, se dan cuenta que el coche no lleva Aire Acondicionado, cuando en la compra se les informó que sí lo tenía el vehículo de serie. Tras presentar la reclamación, el Árbitro de la Junta comunica que como medida preventiva, deben depositar el vehículo en la Junta Arbitral, hasta la emisión de Laudo.

¿Cómo se denomina esta acción preventiva?

¿Quién es, a partir del momento del depósito del vehículo, la responsable del mismo hasta la emisión del Laudo?

Continúa en página siguiente >>

<< Viene de página anterior

**SOLUCIÓN**

Se trata de una medida cautelar, que tiene como fin, prevenir de daños que pudiera sobrevenir para las partes debidos a la manipulación del mismo durante el proceso.

La responsable es la Junta Arbitral, ya que la custodia de los bienes derivados de procedimientos arbitrales es una de sus funciones más destacables.

---

### Comisión de las Juntas Arbitrales de Consumo

El Artículo 7 del Real Decreto 713/2024, de 23 de julio, se refiere al ámbito competencial de las mismas. A continuación, se indican algunas de las más importantes:

- Conocimiento de las solicitudes de arbitraje de la Junta Arbitral en cuyo ámbito territorial tenga su domicilio el consumidor que presenta la solicitud de arbitraje o en cuyo ámbito territorial tenga su domicilio el empresario en caso de que el consumidor resida en otro Estado Miembro de la Unión Europea.
- Si existieran varias Juntas Arbitrales territoriales competentes debido al ámbito territorial en que el empresario desempeñe su actividad, tramitará el asunto la Junta de menor ámbito territorial.
- Una Junta Arbitral de Consumo distinta de la que resulte competente resolverá el litigio cuando el consumidor haya manifestado en el convenio arbitral o manifieste en cualquier otro momento su voluntad de someter la decisión de la controversia a la Junta Arbitral de ámbito autonómico o local a la que se encuentre adherido el empresario. Esta elección solo será eficaz si la sede de la Junta Arbitral se encuentra en la misma comunidad autónoma en la que el consumidor tiene su domicilio en el momento de presentar su solicitud.

**Consejo General del Sistema Arbitral de Consumo**

De igual forma, el Artículo 22 del Real Decreto 713/2024, de 23 de julio, se encarga del desarrollo de las funciones del Consejo General del Sistema Arbitral de Consumo, recogiendo las siguientes:

- La elaboración de directrices generales sobre cualquier asunto de especial interés que afecte a los diversos agentes que intervienen en el Sistema Arbitral de Consumo y requiera una respuesta homogénea.
- El establecimiento de criterios homogéneos sobre la formación de los órganos arbitrales.
- El desarrollo de cualquier función prevista legal o reglamentariamente y, en su caso, cualquier otro asunto que le encomiende la Comisión Sectorial de Consumo.

 **Actividades**

11. ¿Qué relación existe entre las funciones de la Comisión de las Juntas Arbitrales de Consumo y del Consejo General del Sistema Arbitral de Consumo?
12. Señalar cinco funciones de las Juntas Arbitrales.

## 4.5. Convenio arbitral: contenido, formalización y validez

El Capítulo III del Real Decreto 713/2024, de 23 de julio, desarrolla los aspectos relacionados con el Convenio Arbitral.

Este convenio arbitral puede adoptar la forma de cláusula que se incorpore a un contrato o documento testimonial de acuerdo de las partes, donde se exprese la voluntad de estas de acogerse al Sistema Arbitral como medio de resolución de los problemas derivados de la acción de consumo.

En términos coloquiales, se trata del consentimiento expreso de las partes que conforma su voluntad de acogerse al Sistema Arbitral del Consumo para resolver la actuación que ha propiciado reclamación por parte del consumidor (o consumidores) frente a la empresa productora del bien o servicio.

En el caso de que exista oferta pública de adhesión al Sistema Arbitral de Consumo, el convenio arbitral se considera formalizado con la presentación de la solicitud referida a la causa que incluye la adhesión. En el caso de empresas o profesionales, se considera formalizado si estos disponen del distintivo público de adhesión al Sistema Arbitral de Consumo.

## 4.6. Juntas arbitrales

Como se trató anteriormente, Las Juntas Arbitrales de Consumo, son organismos administrativos, técnicos y ejecutores del arbitraje, tal y como queda reflejado en el Artículo 16 del Real Decreto 713/2024, de 23 de julio.

Igualmente, este marco normativo, y más concretamente en su Artículo 4, las Juntas Arbitrales pueden ser de dos naturalezas diferentes:

a. La Junta Arbitral Nacional: adscrita al Ministerio con competencias en materia de consumo.
b. Las Juntas Arbitrales territoriales: de ámbito autonómico o local, constituidas mediante la suscripción de convenio entre las administraciones públicas territoriales y el Ministerio con competencias en materia de consumo.

Las Juntas Arbitrales de Consumo están integradas por un presidente y un secretario, elegidos de entre el personal que desarrolla su trabajo para las Administraciones públicas. Son nombrados por la Administración de la que depende la Junta tras la publicación en el diario oficial territorial de su nombramiento.

El secretario de la Junta Arbitral de Consumo es el responsable de las notificaciones de los actos de la Junta, y de velar por su correcto funcionamiento administrativo.

**?** Sabía que...

Las Juntas Arbitrales territoriales desarrollan todas el mismo procedimiento de trabajo, porque están sometidas a la misma norma nacional, sin embargo se rigen por diferente normativa autonómica para la confección de los Laudos.

## Delegaciones territoriales o sectoriales de la Junta Arbitral de Consumo

En los casos en lo que existan delegaciones territoriales o sectoriales de la Junta Arbitral de Consumo, se han de designar presidentes y secretarios de la delegación territorial o sectorial para cada una de ellas.

## Competencias para conocer de las solicitudes individuales de arbitraje

Vienen reguladas en el Artículo 7 del Real Decreto 713/2024, de 23 de julio, donde se desarrolla el ámbito competencial de las Juntas Arbitrales de Consumo, estas son:

Conocer de las solicitudes las de arbitraje de la Junta Arbitral en cuyo ámbito territorial tenga su domicilio el consumidor que presenta la solicitud de arbitraje o en cuyo ámbito territorial tenga su domicilio el empresario en caso de que el consumidor resida en otro Estado Miembro de la Unión Europea.

Responsabilidad sobre la Junta Arbitral territorial en la que tenga su domicilio el consumidor, en el caso de que haya varios niveles, tendrá competencia sobre la Junta inmediatamente inferior.

Competencia sobre las empresas o profesionales adheridos, tanto a ella, como a las delegaciones territoriales sobre las que tenga competencia.

## 4.7. Laudo arbitral

El Laudo arbitral supone la finalización del proceso de arbitraje entre las partes, donde se refleja, una vez oídas las partes y sus pruebas, la decisión del órgano arbitral.

Como se trató anteriormente, el Laudo tiene carácter coercitivo para las partes, de efecto similar a una sentencia. En tanto que se agota la vía administrativa e impide el acceso a los Tribunales o a un nuevo proceso arbitral por el mismo motivo.

El plazo para dictar un laudo, viene regulado en el Artículo 45 del Real Decreto de 713/2024, de 23 de julio, será de noventa días naturales desde que se acuerde el inicio del procedimiento, pudiendo ser prorrogado por el órgano arbitral por un periodo no superior a noventa días naturales más.

En el caso concreto de que las partes lograran un acuerdo conciliatorio sobre todos los aspectos del conflicto, una vez iniciadas las actuaciones arbitrales, el plazo para dictar el laudo conciliatorio será de un mes desde la notificación del inicio del procedimiento adopción del acuerdo.

### Tipos de Laudos

Los Laudos pueden ser a su vez Arbitrales o Conciliatorios, en el primer caso:

- **Arbitrales:** son los árbitros presentes en la Junta Arbitral quienes, tras oír la posición de ambas partes, toman una decisión que se manifiesta en forma de Laudo.
- **Conciliatorios:** los miembros de la Junta Arbitral se limitan a emitir un Laudo con el acuerdo entre las partes puesto de manifiesto en el acto arbitral.

## Actividades

13. ¿Qué diferencia existe entre Laudo conciliatorio y mediación?
14. ¿Qué hito arbitral finaliza su proceso?

---

**Toma de decisiones que desembocan en la emisión del Laudo**

Los laudos arbitrales se podrán adoptar por:

- **Unanimidad:** donde todos los miembros del Colegio comparten la misma propuesta de solución del conflicto planteado.
- **Por mayoría:** cuanto ante varias opciones se elige por votos a favor de cada una de las opciones.
- **Con el voto dirimente del presidente:** cuando los miembros de la Junta Arbitral no llegan a un mismo criterio, ni se llega a un acuerdo por mayoría, el voto del presidente será el que decida el Laudo final.

## Aplicación práctica

Manuel Checa decide plantear una reclamación ante la Junta Arbitral de Almería tras intentar solucionar un problema con la empresa de Telefonía Móvil que le provee. El conflicto surge desde que Manuel, ante la tentativa de cambiarse de compañía, recibió una oferta de su proveedor habitual ofreciéndole unas condiciones muy buenas: no pagar nada durante 6 meses, un móvil de última generación de regalo y una permanencia de 12 meses en la compañía. Tras esto, decide quedarse en la compañía. Llegados los primeros meses recibe una factura de 60 €, llama al Servicio de Atención al Cliente y le dicen que no le figura ningún descuento ni móvil promocional y si no hace el pago le cortan la línea definitivamente.

Continúa en página siguiente >>

<< Viene de página anterior

En el acto arbitral, la empresa reconoce que ha sido un error y quedan en solucionar el problema abonándole la factura, enviándole el móvil y aumentando el descuento en 3 meses más por las molestias causadas.

¿Se trata de una mediación?

¿Qué plazo existe para la emisión del Laudo? Razone su respuesta.

**SOLUCIÓN**

No, no es una mediación puesto que la conciliación se lleva en un acto arbitral.

El plazo máximo es de un mes, puesto que en el acto arbitral se ha llegado a un acuerdo, por lo tanto no ha lugar el plazo de 90 días inicialmente estipulado por la ley.

---

## 5. Procedimientos de arbitraje en consumo

Una vez recibida la Solicitud de Arbitraje, la Junta Arbitral inicia los trámites pertinentes para solucionar los conflictos de consumo planteados.

Según el Real Decreto 713/2024, de 23 de julio, será el órgano arbitral quien dirigirá el procedimiento según lo dispuesto en el mismo, dándose la posibilidad de instar a las partes a la conciliación.

Junto con la solicitud y la documentación aportada por las partes se iniciará en el procedimiento arbitral, siendo trasladadas la otra parte, todas las alegaciones escritas, documentos y demás instrumentos que cada una de las aporte a los árbitros.

 **Ejemplo**

Rocío reclama a Economía Límite, S. L. a través de una Junta Arbitral por considerar que un libro de economía que compró carecía de las páginas 34 a 76. Para ello, pasa el libro como prueba junto a la solicitud de arbitraje. La Junta Arbitral le hace llegar a la otra parte la prueba aportada por Rocío y a la vez esta, recibe de la empresa un informe de calidad de que todos sus productos están sujetos a comprobación y que la referencia de su libro no presenta incidencia alguna.

## 5.1. Principios generales

El procedimiento arbitral, se basa en los mismos principios descritos para la mediación tales como objetividad, imparcialidad, voluntariedad, etc. Pero además, al ser un proceso más complejo, amplía los principios por los que se rige.

Así, el Artículo 31 del Real Decreto 713/2024, de 23 de julio, establece lo siguiente:

*Artículo 31. Principios generales del procedimiento*

1. *El procedimiento arbitral de consumo tiene carácter unidireccional, de forma que únicamente los consumidores y usuarios podrán presentar solicitudes de arbitraje con el fin de que sus litigios de consumo sean resueltos mediante este procedimiento.*

2. *El procedimiento arbitral de consumo se ajustará a los principios de audiencia, contradicción, igualdad entre las partes y gratuidad, garantizándose a los consumidores un acceso sencillo, por medios electrónicos o no, y con independencia del lugar en que se encuentren.*

3. *Los órganos arbitrales, las partes en litigio y quienes de cualquier manera intervengan en los procedimientos están obligados a guardar confidencialidad sobre la información que conozcan como consecuencia de su intervención.*

## 5.2. Fases: inicio, prueba, medidas cautelares y terminación

Como cualquier proceso, dentro del referente a la resolución arbitral de conflictos, se han de seguir los pasos que se describen a continuación.

### Inicio

Es la fase que da un punto de partida al trámite arbitral, se inicia con la recepción por parte de la Junta de la petición del consumidor. Y que va seguida de la comprobación de la idoneidad formal del procedimiento, donde se comprueba que se han cubierto los aspectos formales exigidos.

### Prueba

Esta fase es la que analiza la viabilidad de la reclamación en el ámbito relacionado con el hecho reclamado, es decir, donde se comprueba que realmente se están vulnerando los derechos del consumidor o usuario.

Según el Real Decreto 713/2024, de 23 de julio, sobre la Regulación del Sistema Arbitral de Consumo en España, considera la documentación de prueba en el Artículo 35.

> *Artículo 35. Admisión e inadmisión de las solicitudes de arbitraje.*
>
> > *1. Una vez examinada la solicitud de arbitraje y la documentación aportada, la persona titular de la presidencia de la Junta Arbitral competente resolverá sobre la admisión o inadmisión de la solicitud de arbitraje, notificando dicha resolución al consumidor reclamante y al empresario reclamado en caso de que ya le hubiera sido trasladada a este la solicitud.*
> >
> > *Además de por las causas previstas en el Artículo 2, la persona titular de la presidencia de la Junta Arbitral acordará la inadmisión de las solicitudes de arbitraje en los siguientes supuestos:*
> >
> > > *a. Cuando se trate de reclamaciones infundadas o no se aprecie en ellas afectación de los derechos y legítimos intereses económicos de los consumidores y usuarios.*
> > >
> > > *b. Si el litigio hubiera sido resuelto o planteado ante un órgano jurisdiccional u otra entidad acreditada y notificada a la Comisión Europea de conformidad*

*con lo previsto en la Ley 7/2017, de 2 de noviembre, salvo que, en este último caso, se acredite el desistimiento del primer procedimiento.*

*En ningún caso se admitirá a trámite una solicitud de arbitraje previamente inadmitida por cualquier Junta Arbitral o sobre la que un órgano arbitral hubiera dado por terminadas sus actuaciones por cualquiera de las circunstancias previstas en el artículo 44, dejando expedita la vía judicial.*

c. *Si el consumidor no se hubiera puesto previamente en contacto con el empresario para tratar de resolver el asunto o no acredite haber intentado la comunicación con este. En todo caso, la reclamación habrá de ser admitida si hubiera transcurrido más de un mes desde que el consumidor presentó la reclamación al empresario y este no hubiera comunicado su resolución.*

d. *Si el consumidor presenta la solicitud de arbitraje transcurrido más de un año desde la interposición de la reclamación al efecto ante el empresario reclamado.*

e. *Si el contenido de la reclamación fuera vejatorio.*

 **Ejemplo**

María reclama a una clínica de cirugía plástica porque su operación de nariz no está realizada correctamente tal y como ella contrató, por tal motivo, junto a la reclamación, introduce como documento prueba, un informe de un cirujano que confirma su postura.

**Medidas cautelares**

La similitud de la Junta Arbitral respecto a los Tribunales de justicia adquiere aquí un punto de paralelismo, al considerar la Junta Arbitral como ente con potestad para establecer medidas cautelares.

Cautela, es el término que interrelaciona los conceptos de cuidado y prevención, por tal hecho, una medida cautelar es el procedimiento de prevención con la finalidad de proteger una de las partes participantes en el conflicto arbitral.

En términos generales, las medidas cautelares vienen reguladas en el Título VI del Libro III de la Ley de Enjuiciamiento Civil, artículos 721 a 747, definiéndose en el art. 721 bajo la rúbrica.

*Necesaria instancia de parte:*

*Bajo su responsabilidad, todo actor, principal o reconvencional, podrá solicitar del tribunal, conforme a lo dispuesto en este Título, la adopción de las medidas cautelares que considere necesarias para asegurar la efectividad de la tutela judicial que pudiera otorgarse en la sentencia estimatoria que se dictare.*

Teniendo este marco legal de referencia, podemos concretar los siguientes elementos básicos de las medidas cautelares:

- En base a la Tutela judicial efectiva: referida al derecho de toda persona ha ser defendido bajo una causa justa.
- Instancia de una de las partes: es decir, han de ser solicitadas por una de las partes, por lo que no pueden ser otorgadas de oficio por término general.
- Finalidad: garantizar la protección y efectividad judicial.
- Responsabilidad: la parte que las pide es la responsable de las consecuencias que de ella se deriven.

 **Sabía que...**

La reconvención jurídica está referida a la demanda judicial que efectúa el propio demandado en el proceso judicial como respuesta a la demanda de que ha sido sujeto. Se trata de un mecanismo de defensa en el que además de la absolución se piden peticiones adicionales.

**Sabía que...**

La Tutela judicial efectiva viene regulada en el Artículo 24 de la Constitución de la siguiente forma:

1. Todas las personas tienen derecho a obtener la tutela efectiva de los Jueces y Tribunales en el ejercicio de sus derechos e intereses legítimos, sin que en ningún caso pueda producirse indefensión
2. Asimismo, todos tienen derecho al Juez ordinario predeterminado por la ley, a la defensa y asistencia de letrado, a ser informados de la acusación formulada contra ellos, a un proceso público sin dilaciones indebidas y con todas las garantías, a utilizar los medios de prueba pertinentes para su defensa, a no declarar contra sí mismos, a no confesarse culpables y a la presunción de inocencia. La ley regulará los casos en que, por razón de parentesco y secreto profesional, no se estará obligado a declarar sobre hechos presuntamente delictivos.

En España, las **medidas cautelares** se dictan a través de providencias judiciales, y son el fiel reflejo del derecho a la tutela judicial efectiva, puesto que se basa en la adopción de medidas judiciales, que sin mostrar indicios de la resolución del caso, pretende salvaguardar los derechos esenciales de los ciudadanos.

**Ejemplo**

Arturo, cansado de llamadas telefónicas de empresas de publicidad, y tras varios intentos de que eliminen sus datos de su lista comercial, decide denunciar vía Judicial a la empresa que comercializó con sus datos. La empresa argumenta que Arturo cedió sus datos y no ha hecho ninguna acción formal para rectificarlos. Como medida cautelar el Juez indica que se cancelen todas las llamadas comerciales a Arturo hasta que se resuelva el caso a través de la sentencia.

En el campo del Derecho administrativo, las medidas cautelares más habituales son las derivadas de suspensión de los efectos de un acto administrativo objeto de denuncia.

Las medidas cautelares pueden ser llevadas a cabo por alguno de los siguientes activos:

- Un órgano de la Administración pública.
- Un Juez.
- Un Magistrado del poder judicial.

A su vez, las medidas cautelares se emiten bajo dos requisitos:

- **Fumus boni iuris:** en base a la apariencia del buen derecho, o ejercicio legal de buena voluntad. Se trata de medidas que se realizan para mejorar el estado o mantenimiento de la parte del conflicto sobre la que se aplica.
- **Periculum in mora:** que es el peligro o riesgo derivado del transcurso del tiempo. Es decir, se trata de evitar que se produzca o se siga produciendo un daño a la persona denunciante o denunciada del caso principal.

### Actividades

15. Analice las diferencias principales entre *Fumus boni iuris* y *Periculum in mora.*
16. ¿Cuál es la utilidad principal de las medidas cautelares?

---

### Medidas cautelares en el Ministerio de Justicia

El Ministerio de Justicia, a través de su web https://www.mjusticia.gob.es/va/ciudadania/registros/administrativos-apoyo-admon/concepto-naturaleza/registro-central-medidas dispone de unas bases de medidas cautelares, Requisitorias y Sentencias No firmes, disponibles para que los profesionales y ciudadanos puedan acceder directamente a esta información, salvo aquellas que sean objeto de inscripción en el Registro Central para la protección de Víctimas de Violencia Doméstica, autos de declaración de rebeldía y requisitorias adoptadas en el curso de un procedimiento penal, llevado a cabo por juzgados de lo penal.

*Página web del Ministerio de Justicia en el que se recoge el Registro Central de Medidas Cautelares, Requisitorias y Sentencias No Firmes*

Según la información expuesta en https://www.mjusticia.gob.es/va/ciudadania/registros/administrativos-apoyo-admon/concepto-naturaleza/registro-central-medidas toda Información contenida en la inscripción de medidas cautelares, requisitorias, autos de rebeldía o Sentencias No Firmes impuestas a mayores de edad se compone de los siguientes elementos:

- Nombre y apellidos del condenado, rebelde, sometido a medidas de seguridad o medida cautelar, alias en su caso, sexo, fecha de nacimiento, nombre de los padres, localidad, provincia, país de nacimiento, domicilio conocido, nacionalidad y documento nacional de identidad o NIE, pasaporte o tarjeta de identidad en el caso de los extranjeros.
- Órgano judicial que acuerda la resolución, fecha de la misma, clase y número de procedimiento, y número de identificación general.
- Los datos personales identificativos de la víctima, domicilio o domicilios conocidos de la víctima, y relación de parentesco entre la víctima y el

condenado o denunciado siempre que sea necesario y, en todo caso, en los procedimientos de violencia doméstica o de género.

- La condición de menor de edad de la víctima cuando se trate de delitos contra la libertad e indemnidad sexuales.

- Medidas cautelares, personales o reales y órdenes de protección en los procedimientos de violencia doméstica o de género, indicando fecha de adopción, de notificación al sometido a la medida u orden de protección y de cancelación y, en su caso tipo, contenido, ámbito y duración, así como sus modificaciones o sustituciones, y delito o falta objeto del procedimiento. En relación con las órdenes de protección se indicará la situación y origen de la solicitud.

- Sentencias No Firmes indicando órgano enjuiciador, procedimiento, fecha de la misma y, en su caso, delitos o faltas declaradas, penas o medidas de seguridad impuestas, su duración o cuantía.

- Órdenes de busca, indicando el órgano judicial que la acuerda, fecha de la misma, tipo de procedimiento, delito objeto del procedimiento, pena y duración de la misma.

- Órdenes europeas de detención y entrega emitidas por las autoridades judiciales españolas.

- Auto de rebeldía indicando fecha del auto y de su anulación.

## Terminación

Por su parte, los expedientes que llegan a la Junta Arbitral, pueden seguir varias vías para su resolución, estas son las siguientes:

- **Resolución por conciliación:** la intervención inicial de la Junta Arbitral se inicia con el intento de solución por ambas partes. Puede darse el caso de que esta solución obtenida con la mediación sea satisfactoria para ambas partes y no sea necesario iniciar el proceso de arbitraje.

- **Desistimiento por parte del reclamante:** bien por resolución expuesta por la empresa directamente con el cliente o bien porque la dedicación que requiere la gestión tenga un coste de oportunidad superior al del beneficio obtenido por la reclamación.

- **Traslado a otras Juntas Arbitrales:** de acuerdo a los intereses de alguna de las partes: bien por no correspondencia según en domicilio del consumidor o no posesión de la adhesión de la empresa reclamada.

- **No aceptación por parte de la empresa reclamada:** puesto que es uno de los requisitos del arbitraje, la aceptación de la empresa reclamada.
- **Por resolución de Laudo:** donde el conflicto se resuelve de acuerdo a la emisión de una disposición que pone fin al conflicto.

 Sabía que...

La no aceptación por una de las partes del arbitraje supone la paralización de la solicitud de arbitraje, pero no interrumpe el derecho legal del consumidor a reclamar por otras vías, como por ejemplo, la judicial.

## 5.3. Ventajas e inconvenientes

Como procedimiento de resolución de conflictos relacionados con la ulceración presunta de derechos de los consumidores, lleva consigo una serie de ventajas e inconvenientes, tanto para consumidores y usuarios, como para empresas y profesionales adheridos.

### Ventajas

Las principales ventajas que supone para consumidores, usuarios y empresas la elección del arbitraje como medio de defensa de sus derechos son:

1. Las empresas adheridas a una Junta Arbitral ofrecen a sus clientes una garantía adicional en las compras o consumos realizados en sus instalaciones.
2. Es una alternativa rápida, sencilla a largos y costosos procesos judiciales.
3. Es de carácter gratuito, las partes no realizan desembolso alguno por el proceso de arbitraje.
4. Aumenta el prestigio de la empresa adherida.

5. La composición del Colegio Arbitral es variada, ya que se conforma de Asociaciones de Consumidores, Asociaciones de Empresarios y de la Administración.

6. La resolución es rápida, en periodos que oscilan entre 3 y 6 meses por término general.

7. El Laudo es de obligatorio cumplimiento para las partes.

8. Es un procedimiento voluntario, no es obligatorio para ninguna de las partes.

9. Su carácter es privado.

10. Es un proceso objetivo en la resolución del arbitraje promovido por las partes.

ESTABLECIMIENTO
ADHERIDO

ARBITRAJE DE
CONSUMO

*Emblema de adhesión de empresas a la Junta arbitral. INC.*

**Inconvenientes**

En contrapunto, la elección de este medio como vía de defensa de los derechos básicos de consumidores y usuarios, también presenta los siguientes inconvenientes:

1. Ante la resolución de Laudo, no se puede acudir a otra Junta Arbitral o a un Juzgado para reclamar por la misma causa.

2. La empresa reclamada puede aceptar o no el arbitraje.

3. El consumidor ha de acatar el mandato del Laudo, sea para mejorar o empeorar su situación de partida en función de su intervención y responsabilidades en el conflicto.

4. Están excluidos del sistema los conflictos relacionados con intoxicaciones, lesiones, muertes o haya indicios racionales de delito.

 **Actividades**

17. Si la empresa reclamada no acepta el arbitraje, ¿se finaliza el proceso arbitral?
18. ¿Se pueden ejercer otras acciones para la defensa de los derechos de los consumidores, si se da el caso planteado en la pregunta anterior?

# 6. Documentación en procesos de mediación y arbitraje

Todo este marco conceptual expuesto a lo largo del capítulo ha de concretarse en una serie de documentos que dan seguimiento y comunicación a las distintas fases y elementos que componen el proceso.

El detalle de su estudio, se va a enfocar en cuatro apartados relativos, cada uno de ellos, a la fase que compone el proceso de mediación y arbitraje.

## 6.1. Documentos de solicitud

De acuerdo al modelo legal establecido, de distribución de competencias en materia de consumo a las comunidades autónomas, este apartado se va a encargar del estudio de aquellos documentos generalmente aceptados en el territorio nacional, puesto que, a pesar de los distintos formatos establecidos, los contenidos generales son similares.

### Solicitud de Adhesión a la Junta Arbitral para empresas

Las empresas, como valor añadido a la confianza de sus ventas, tienen la posibilidad de adherirse a la Junta Arbitral correspondiente a su domicilio, este hecho se concreta a través del documento que la identifica y da conformidad al hecho.

Existe un modelo oficial a nivel nacional, disponible en la página Web del Instituto Nacional de Consumo de Oferta Pública de Adhesión a Junta Arbitral. Se compone de tres páginas, cuyo contenido se desarrolla a continuación:

- **Página 1. Identificación y declaración.** Donde la empresa se identifica con sus datos a la vez que declara la efectividad de su actividad, el conocimiento del Sistema Arbitral y su voluntad de acogerse al mismo. Así como la elección de tipo de arbitraje que acepta.
- **Página 2.** En esta parte del documento se hace referencia al tipo de arbitraje, con o sin mediación previa, así como el carácter de la relación expresada en la adhesión: temporal o indefinida.

  Además de incluir la cláusula de la Ley de Protección de Datos Personales y Garantía de los Derechos Digitales, la fecha y la firma de la conformidad.
- **Página 3. Anexo Contacto.** Esta página final muestra un listado rellenable de posibles puntos de contacto con la empresa adicionales al indicado en la Hoja 1.

# SISTEMA ARBITRAL DE CONSUMO

## OFERTA PÚBLICA DE ADHESIÓN

**NOMBRE Y APELLIDOS O RAZÓN SOCIAL[1]:**

**NIF/CIF:**                                    **NOMBRE COMERCIAL**

**DOMICILIO SOCIAL:**                           **CÓDIGO POSTAL:**

**LOCALIDAD:**                                  **PROVINCIA:**

**DOMICILIO A EFECTOS DE NOTIFICACIONES[2]:**    **CÓDIGO POSTAL:**

**LOCALIDAD:**                                  **PROVINCIA:**

**TELEF.:**          **FAX:**                    **CORREO ELECTRÓNICO:**

**PÁGINA DE INTERNET:**              **ACTIVIDAD:**

**REPRESENTANTE LEGAL:**

**D.N.I.:**                        **CARGO:**

**DECLARA**

Que desarrolla su actividad en[3]

1º. Que mediante l a firma de e ste documento formula oferta pública unilateral de adhesión al S istema Arbitral de Consumo regulado en el Real Decreto 231/2008, de 15 de febrero.

2º. Que conoce la regulación del Sistema Arbitral de Consumo regulada en el 231/2008, 15 de febrero, y acepta que los conflictos que puedan s urgir con sus consumidores s ean resueltos a través del procedimiento previsto e n dicha n orma, por la Junta arbitral de c onsumo competente c onforme a lo previsto en el artículo 8 del citado Real Decreto. No o bstante hasta tanto entre en vigor en su totalidad el Real Decreto citado, el procedimiento se sustanciará conforme al Real Decreto 636/93 de 3 de mayo.

3º. Que teniendo e n cuenta e l ámbito t erritorial d e su a ctividad, s u adhesión al S istema A rbitral de Consumo se produce a través de las Juntas Arbitrales de Consumo constituidas o que puedan constituirse en dicho ámbito territorial de actividad.

---

[1] Personas jurídicas
[2] Si dispone de varios domicilios a efectos de notificaciones deberá facilitarlos conforme al modelo Anexo
[3] Indicar el municipio, mancomunidad (y en tales casos, la provincia a la que pertenezca el municipio o mancomunidad), provincia o Comunidad en la que desarrolla su actividad empresarial o profesional. Si desarrolla su actividad en más de una Comunidad Autónoma, indicar "ámbito supraautonómico" o "ámbito nacional"

1

Continúa en página siguiente >>

<< Viene de página anterior

4º. Que este compromiso de adhesión al Sistema Arbitral de Consumo se formula optando[4] por:

Que el arbitraje sea resuelto    ☐ En equidad

☐ En derecho

☐ En equidad o derecho, a elección del consumidor

Que, con carácter previo al conocimiento del conflicto por los árbitros    ☐ se intente la mediación

☐ no se intente la mediación

Que esta oferta pública de adhesión    ☐ tenga carácter indefinido, salvo denuncia de la oferta con.........
meses de antelación.

☐ se realiza por el período de................. (no inferior a 1 año)
prorrogable por .......

En el caso de que no cumplimente una o alguna de las opciones anteriores, se entenderá respectivamente, que realiza su oferta pública de adhesión al arbitraje en equidad, por tiempo indefinido y con aceptación de la mediación previa.

5º. Que autorizo a las Juntas Arbitrales de Consumo y al Instituto Nacional del Consumo a la cesión de los datos de carácter personal incluidos en esta oferta pública de adhesión que sean necesarios a efectos de publicidad y divulgación de la adhesión, así como la cesión a las Juntas arbitrales de consumo, a los interesados legítimos y a cuantos intervengan en el procedimiento arbitral.

................ a ... de............ de ....

Fdo.:

**En aplicación del artículo 5 de la Ley Orgánica 15/1999, de Protección de datos de carácter personal, se le informa que sus datos personales serán incorporados y tratados en el fichero automatizado de Datos de Empresas adheridas al sistema arbitral del consumo con el fin de gestionar el registro público de empresas adheridas al Sistema Arbitral de Consumo.**

**En cualquier caso, podrá ejercitar sus derechos de acceso, cancelación o rectificación en los términos previstos en la Ley Orgánica 15/1999, de Protección de datos de carácter personal, podrá realizarlo ante el responsable del fichero de datos de personal de la Junta Arbitral de Consumo competente para la admisión de esta oferta pública de adhesión.**

## JUNTA ARBITRAL DE CONSUMO DE ....

---

[4] Opte por alguna de las fórmulas que se indican

2

Continúa en página siguiente >>

<< Viene de página anterior

## ANEXO

### Otros domicilios a efectos de notificaciones

| Ámbito territorial[5] | | |
|---|---|---|
| **1** | **DOMICILIO:** | **CÓDIGO POSTAL:** |
| **CORREO ELECTRÓNICO:** | **LOCALIDAD:** | **PROVINCIA:** |
| **2** | **DOMICILIO:** | **CÓDIGO POSTAL:** |
| **CORREO ELECTRÓNICO:** | **LOCALIDAD:** | **PROVINCIA:** |
| **3** | **DOMICILIO:** | **CÓDIGO POSTAL:** |
| **CORREO ELECTRÓNICO:** | **LOCALIDAD:** | **PROVINCIA:** |
| **4** | **DOMICILIO:** | **CÓDIGO POSTAL:** |
| **CORREO ELECTRÓNICO:L** | **OCALIDAD:** | **PROVINCIA:** |
| **5** | **DOMICILIO:** | **CÓDIGO POSTAL:** |
| **CORREO ELECTRÓNICO:** | **LOCALIDAD:** | **PROVINCIA:** |
| **6** | **DOMICILIO:** | **CÓDIGO POSTAL:** |
| **CORREO ELECTRÓNICO:L** | **OCALIDAD:** | **PROVINCIA:** |

---

[5] Deberán rellenar los apartados anteriores en caso de que, en razón de la organización territorial de la empresa, deseen que la notificación de las solicitudes de arbitraje se efectúe en diferente domicilio (Comunidad Autónoma, provincia, municipio, comarca, etc.) según el lugar donde esté localizada la Junta Arbitral que reciba la solicitud. De esta forma, las Juntas Arbitrales trasladarán las solicitudes de arbitraje a dichos domicilios.
Se podrán rellenar tantas hojas como sea preciso.

3

El Artículo 27 del Real Decreto 713/2024, de 23 de julio, hace referencia al registro público de empresas adheridas al Sistema Arbitral de Consumo.

En él se indica que el Ministerio con competencias en materia de consumo elaborará una base de datos electrónica de carácter público y de ámbito nacional en la que se incluyan la totalidad de ofertas de adhesión al Sistema Arbitral de Consumo, aceptadas por cualquier Junta Arbitral.

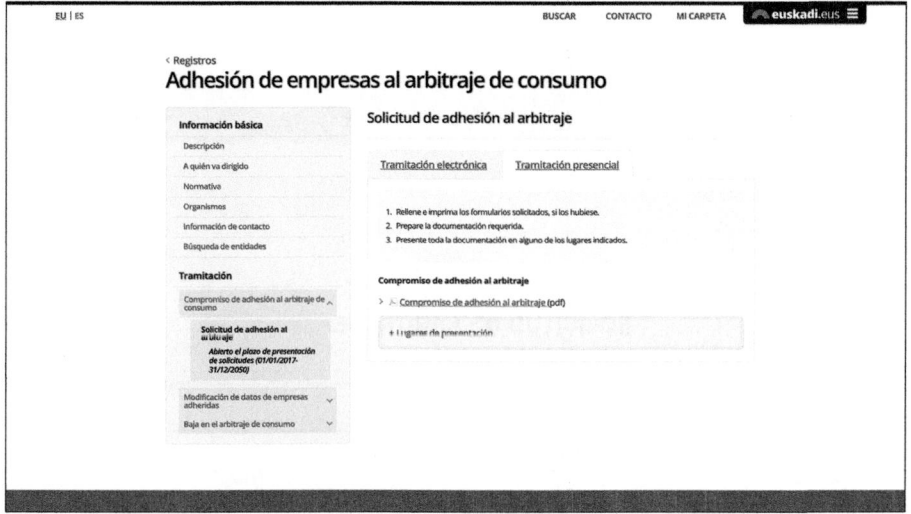

*Portal del Gobierno Vasco para la inscripción de las empresas al Sistema Arbitral de Consumo*

Este registro será comunicado a todas las Juntas Arbitrales y a sus delegaciones en un plazo que no excederá de cinco días desde las modificaciones registrales producidas. De la misma forma, el Instituto Nacional del Consumo y las Juntas Arbitrales de Consumo facilitarán el acceso a la información que tendrá carácter público, de forma rápida y gratuita, la vía electrónica supone un importante y eficaz medio para este fin.

### Solicitud de arbitraje

Este documento tiene la función de comunicar, por parte del consumidor o usuario, a la Junta Arbitral, su intención de solicitar un arbitraje como medida de resolución del conflicto planteado, incluido en la misma.

Para el estudio detallado de este documento, se va a utilizar un modelo, concretamente el del Ayuntamiento de Alicante de la Comunidad Valenciana:

- ■ **Parte 1. Datos de identificación.** En esta parte, se detallan todos aquellos datos que se consideran importantes y necesarios para el proceso de arbitraje, referidos a la parte reclamante, ya sea consumidor o usuario o Asociación de Consumidores.

**GENERALITAT VALENCIANA**
CONSELLERIA D'ECONOMIA, INDÚSTRIA I COMERÇ

JUNTA ARBITRAL
DE CONSUM
DE LA
COMUNITAT VALENCIANA

**SOLICITUD DE ARBITRAJE**

El interesado que a continuación se expresa y/o en su representación la Asociación de Consumidores que igualmente se indica:

| ASOCIACIÓN DE CONSUMIDORES: | |
|---|---|
| RECLAMANTE | DNI/NIF |
| DOMICILIO | |
| LOCALIDAD | CP |
| TELÉFONO PARTICULAR | TELÉFONO PROFESIONAL |
| FAX | E-MAIL |

En caso de reclamación en materia de telecomunicaciones:
Nº Teléfono abonado:                    Titular Teléfono:

Ante esta Junta Arbitral de Consumo comparece, al amparo del Real Decreto Legislativo 1/2007, de 16 de noviembre, por el que se aprueba el texto refundido de la Ley General para la Defensa de los Consumidores y Usuarios y otras leyes complementarias, del Estatuto de Consumidores y Usuarios de la Comunidad Valenciana, Ley 1/2011, de 22 de marzo, de la Generalitat, y del Real Decreto 231/2008, de 15 de febrero, regulador del Sistema Arbitral de Consumo, somete a la decisión arbitral prevista en estos preceptos la cuestión siguiente:

*Parte dedicada a la identificación del reclamante*

Esta parte incluye el texto que hace referencia al marco normativo sobre el que se aplica este procedimiento.

■ **Parte 2.** Exposición de los hechos que han llevado al conflicto y petición de la solución propuesta para el mismo.

| HECHOS |
| --- |
|  |
| PETICIÓN: |
|  |

*Parte de exposición de hechos y petición para resolución de conflicto dentro de la Solicitud de arbitraje*

■ **Parte 3. Identificación de la parte reclamada:** donde se indican las señas de la empresa sobre la que se ejerce la reclamación.

Dicha reclamación se formaliza frente al reclamado/s que se especifica

| RECLAMADO/S | | |
| --- | --- | --- |
| DOMICILIO | | |
| LOCALIDAD | | CP |
| TELÉFONO | FAX | |

*Parte identificativa de los reclamantes*

■ **Parte 4.** Espacio para la documentación de prueba, es decir, toda la documentación que el reclamante considere oportuno incluir en la solicitud para dar consistencia a su exposición de motivos.

DOCUMENTACIÓN Y PRUEBAS APORTADAS

*Espacio para relación de documentación anexa a la reclamación*

■ **Parte 5. Conformidad.** Donde se enuncia la voluntad de acogerse al proceso arbitral, firmada en la fecha indicada.

En consecuencia, de esa Junta Arbitral,

**SOLICITA:** tenga por interpuesta reclamación al objeto de tomar decisión arbitral y, previos los trámites procedentes, dicte Laudo estimando mi pretensión, comprometiéndome a cumplir el contenido del mismo, aceptando la prórroga del plazo que, en su caso, pudiera acordarse por el órgano arbitral de forma motivada.

En _____ a _____ de _____ de 20____

Fdo.:

*Espacio para la conformidad en la Solicitud de Arbitraje*

## Actividades

19. ¿Puede darse el caso de Solicitudes de Arbitraje sin fecha y firma?
20. ¿Qué documento representa la voluntariedad de una empresa respecto al arbitraje en una Junta Arbitral determinada?

## 6.2. Convocatoria

Una vez aprobado e iniciado el proceso, llega el momento de comunicar a las partes la asistencia al acto arbitral. Para tal circunstancia, se elabora un documento de citación para cada una de las partes.

Este documento debe contener como mínimo la siguiente información:

a. Comunicación de que está siendo reclamado para un arbitraje.
b. Identificación del consumidor o usuario que emite la reclamación.
c. Resumen de los hechos reclamados, con referencia a las pruebas que confirman las circunstancias comunicadas.
d. Referencia legal que respalda el proceso: La Ley de Defensa de Consumidores y Usuarios, así como la específica de la Comunidad Autónoma, ente territorial y materia específica.
e. Fecha y Lugar del Arbitraje.
f. Otros: como posibilidad de asistencia, consecuencias de ausencia, etc.

Una vez confeccionado correctamente, será enviado a las partes ya sea por vía postal o electrónica, pero siempre con acuse de recibo para dar conformidad a la convocatoria.

Aplicación práctica

Rosendo recibe una llamada telefónica de la Junta Arbitral donde presentó una reclamación, donde le informan que al no asistir al arbitraje convocado la pasada semana, ni prestar testimonio al respecto, el laudo ha sido en favor de la empresa reclamada.

Rosendo muestra su sorpresa porque no tenía constancia de la fecha del arbitraje. Tras comprobar la documentación administrativa, se comprueba desde la Junta que existe envío de la carta, pero no existe justificante de recepción.

¿Ha perdido definitivamente Rosendo el arbitraje?

¿Qué puede hacer en este caso?

SOLUCIÓN

NO, no ha perdido porque el procedimiento de Convocatoria no ha sido correcto por parte de la Junta arbitral.

En este caso, se debería volver a convocar a las partes, pero esta vez cumpliendo todos los preceptos que marca la legislación.

 Sabía que...

Según el Artículo 41 del Real Decreto 713/2024, de 23 de julio, sobre Sistema Arbitral en materia de consumo, la audiencia a las partes podrá ser escrita, utilizando la firma convencional o electrónica, u oral, ya sea presencialmente o a través de videoconferencias u otros medios técnicos que permitan la identificación y comunicación directa de los comparecientes.

## 6.3. Acta

Un acta es un documento de carácter oficial que recoge los puntos tratados en un acto, reunión, asamblea, etc. para el que se realiza. Este documento refleja tanto los puntos expuestos en el acto como las conclusiones obtenidas del mismo.

Según el Artículo 41.4 del Real Decreto 713/2024, de 23 de julio, "De la audiencia se levantará acta que será firmada por el secretario del órgano arbitral", para de esta forma, dejar constancia de lo acontecido.

En el acto de mediación o arbitraje, el acta contempla los siguientes elementos acontecidos:

- Descripción de las causas que han llevado a la celebración del arbitraje.
- Normativa legal sobre la que se sustenta el acto.
- Exposición de hechos por cada una de las partes.
- Consideraciones tenidas en cuenta durante el proceso.
- Conclusiones.

Este documento engrosará el archivo administrativo de la reclamación y servirá de medio y prueba para la confección del Laudo y la resolución de las dudas que para su confección, puedan surgir entre los árbitros de la audiencia.

## 6.4. Resolución

Es la comunicación escrita a cada una de las partes con el detalle del Laudo emitido como resolución definitiva y de obligatorio cumplimiento para las partes.

En el caso de la Mediación, la resolución no tiene carácter de obligatoria para las partes, en cambio, el Laudo es de obligatorio cumplimiento para las partes.

En el caso de que alguna de las partes incumpla su parte responsable dictada por el laudo, sobre ella se pueden acusar medidas judiciales legales en contra de dicha actuación.

Por su parte, y como ya se ha indicado en apartados anteriores, ambas vías, como alternativas a la vía judicial, extinguen el procedimiento con su resolución; es decir, estas mismas causas, ya no pueden ser recurridas por vía judicial o por una nueva reclamación.

## 7. Arbitraje de consumo electrónico

Ley 39/2015, de 1 de octubre, del Procedimiento Administrativo Común de las Administraciones Públicas, donde se da forma a los Derechos de los ciudadanos a relacionarse con las Administraciones Públicas por medios electrónicos, en todo el ámbito de gestión, no solo en materia de consumo.

Por su parte, el Real Decreto 713/2024, de 23 de julio, en su anexo establece el distintivo de adhesión al sistema arbitral de consumo, que debe ser igual para todas las empresas adheridas a dicho sistema y que tiene las siguientes características:

- Con carácter general, consistirá en una figura vertical constituida por cuatro elementos de texto e imagen. Las medidas exteriores del conjunto son 69 mm de ancho por 132 mm de alto. El primer elemento, arriba, consta de un rectángulo de 69 mm de ancho por 28 mm de alto. En línea negra de 0,5 mm. En su interior debe figurar la Junta Arbitral o el ámbito territorial de la oferta en letra mayúscula y centrado. Tipo de letra: helvética. Tamaño: 21,42. Escala horizontal: 100. Espaciado: 0. Interlineado: sólido. Estilo: negrita.
- Debajo, el segundo elemento, solo texto, figura EMPRESARIO ADHERIDO en dos líneas. Tipo de letra: helvética. Escala horizontal: 100. Tamaño: 21,66. Espaciado: 0. Interlineado: sólido. Estilo: normal. La altura total de las dos líneas de texto es de 13 mm situadas a 3 mm del borde inferior del primer elemento y a 3 mm del tercero, debajo.
- El tercer elemento consta de un recuadro de 69 x 69 mm, en color naranja, magenta 47 % y amarillo 100 %. En su interior figura el logotipo de Arbitraje, centrado y calado en blanco. Las medidas del logotipo son 53,4 x 63,7 mm.
- El elemento inferior consta del texto ARBITRAJE DE CONSUMO, en dos líneas, la superior ARBITRAJE y la inferior DE CONSUMO, centrado,

ocupando un espacio de 51,8 x 13 mm. Tipo de letra: helvética. Tamaño: 21,42. Escala horizontal: 100. Espaciado: 0. Interlineado: sólido. Estilo: negrita. Separado del tercer elemento por un espacio de 3 mm.

■ Para su uso en formato electrónico se establece un tamaño mínimo en píxeles de 75 de ancho por 138 de alto, debiendo guardar las proporciones en tamaños superiores.

 **Sabía que...**

Gracias a los medios electrónicos, la resolución de conflictos empresa–consumidor de forma directa, se ha reducido considerablemente a la vez que ha mejorado el dinamismo y eficiencia de la gestión, no solo para las empresas, sino también, para consumidores y usuarios.

## 8. Resumen

A lo largo de este capítulo se han desarrollado de manera pormenorizada todos los aspectos relacionados con la mediación y el arbitraje de consumo en el sistema legal español.

Teniendo en cuenta el papel predominante del arbitraje en la mediación de conflictos, la mediación aunque es usada como una vía inicial de resolución de conflictos, cobra un papel secundario debido al carácter no coercitivo de su resolución para las partes.

El entramado arbitral, encabezado por la Junta Arbitral Nacional y todas las Juntas Arbitrales Territoriales que de ellas dependen, gozan de un papel muy importante en la resolución de problemas en el consumo que se realiza de los productos y servicios de empresas y profesionales desde la posición de los consumidores y usuarios.

Desde los puntos de empresa o profesional, a través de las ofertas públicas de adhesión a la Junta Arbitral pertinente, hasta la solicitud de arbitraje por parte de consumidores y usuarios, se ensalza un abanico de actuaciones en pro de la defensa de los derechos básicos de los consumidores y usuarios y su acceso a la justicia.

De igual forma, el marco europeo, concretado en el español y este diligenciado hacia las comunidades autónomas, es coordinado en materia de consumo por el Ministerio correspondiente que, entre sus numerables funciones en este campo, establece un archivo de empresas adheridas, resolución de conflictos e información general que facilita el acceso y desarrollo de todo el Sistema Arbitral de España.

Ejercicios de repaso y autoevaluación

1. **Indique si son verdaderas o falsas las siguientes cuestiones.**

   a. La mediación se puede realizar siempre por un tercero neutral entre dos partes en conflicto por temas relacionados con el consumo.

      ☐ Verdadero
      ☐ Falso

   b. La Junta Arbitral Nacional, está adscrita al Instituto Nacional del Consumo, que es el órgano superior a nivel español y del que dependen el resto de Juntas Arbitrales.

      ☐ Verdadero
      ☐ Falso

   c. Un laudo se emite por Unanimidad cuando todos los miembros del Colegio comparten la misma propuesta de solución del conflicto planteado.

      ☐ Verdadero
      ☐ Falso

2. **Complete las frases donde corresponda para que toda la oración tenga sentido.**

   a. La premisa europea en materia de mediación como resolución de conflictos en el consumo es la _____

      _____.

   b. _____ son las que cobran presencia en ámbitos más reducidos geográficamente para dar cobertura arbitral a las empresas y consumidores.

   c. Un laudo se emite con _____:
      cuando los miembros de la Junta Arbitral no llegan a un mismo criterio, ni se llega tampoco a un acuerdo por mayoría, el voto del Presidente será el que decida el Laudo final.

3. **La mediación, o el acto de mediar, están basados en**

    a. ... el ejercicio de la democracia y la paz social
    b. ... la comunicación basada en el respeto y la educación
    c. ... el civismo.
    d. Todas las opciones son correctas.

4. **Las Juntas Arbitrales de Consumo están integradas por...**

    a. ... un presidente y un secretario.
    b. ... tres árbitros solamente.
    c. ... un juez, dos árbitros y un vocal, designado de entre los árbitros.
    d. ... un presidente y dos vocales sin derecho a voto.

5. **El rasgo diferenciador del árbitro respecto al mediador es:**

    a. Que posee autoridad sobre el cumplimiento de su voluntad o decisión para ambas partes.
    b. Que carece de autoridad sobre el cumplimiento de su voluntad o decisión para ambas partes.
    c. Su carácter objetivo e imparcial que hace que en la resolución no interfieran aspectos discriminadores.
    d. Ambas figuras tienen los mismos rasgos diferenciadores.

6. **Una de las funciones del secretario arbitral es:**

    a. Promocionar la Junta Arbitral en el marco territorial.
    b. Realizar estadísticas y archivo de reclamaciones arbitrales.
    c. Velar por el cumplimiento de las decisiones que adopten los órganos arbitrales en el ejercicio de su función.
    d. Las opciones a y c son correctas.

7. **Los laudos pueden ser de dos tipos:**

    a. Directos o indirectos.
    b. Conciliatorio o arbitrales.
    c. Subjetivos e imparciales.
    d. De pleno derecho o judiciales.

8. **La normativa a nivel estatal que regula el arbitraje es:**

   a. No existe normativa estatal, cada comunidad autónoma tiene la suya.
   b. El Real Decreto 713/2024, de 23 de julio, por el que se aprueba el Reglamento que regula el Sistema Arbitral de Consumo.
   c. El Real Decreto 231/2008 de 15 de febrero, por el que se regula el Sistema Arbitral de Consumo.
   d. Todas las opciones son incorrectas.

9. **Indique las partes implicadas en la mediación.**

10. **Señale 3 requisitos de la mediación en materia de consumo y explíquelos.**

11. **¿Qué es Arbitraje de Consumo Colectivo?**

12. **Comente razonadamente dos competencias de la Comisión de Juntas Arbitrales de consumo.**

_____
_____
_____
_____
_____
_____
_____

13. **Relacione cada concepto de la primera columna con otro de la siguiente, para que las cuatro relaciones tengan sentido.**

    a. Arbitro
    b. Laudo
    c. Arbitral
    d. Acta

    __ Resolución
    __ Escrito
    __ Mediador
    __ Conciliador

14. **Tache las fichas que no correspondan con los elementos que ha de contener una oferta de adhesión al sistema arbitral por parte de una empresa.**

| | |
|---|---|
| Datos personales | Petición de solución |
| Datos de contacto | Fecha de alta |
| Exposición de los hechos | Identificación del reclamante |
| Firma de consentimiento | Logotipo de la junta arbitral |

**15. Sopa de letras. Encuentre los términos que dan sentido a los siguientes enunciados.**

1. Junta Arbitral de la que dependen las territoriales. _____
2. Sistema regulado en el Real Decreto 713/2024, de 23 de julio. _____
3. Documento que inicia el arbitraje. _____
4. Similar a la sentencia, finaliza el arbitraje. _____
5. Intervención entre las partes para resolución de un conflicto de manera amistosa y sin obligaciones legales para ambas. _____
6. Se dice del tipo de medidas que tienen por objeto asegurar a las partes del conflicto la tutela judicial efectiva. _____
7. Posibilidad de adhesión a la Junta Arbitral. _____
8. Hecho que supone una solución amistosa establecida por acuerdo mutuo entre las partes. _____
9. Se dice de la característica de la mediación y arbitraje que supone que el encargado de la resolución del conflicto no presente favor o predisposición por alguna de las partes. _____

| A | O | N | A | C | I | O | N | A | L | O | M |
|---|---|---|---|---|---|---|---|---|---|---|---|
| R | C | A | U | T | E | L | A | R | E | S | E |
| B | Z | J | O | U | R | F | H | Y | M | N | D |
| I | S | O | L | I | C | I | T | U | D | I | I |
| T | M | E | L | L | I | S | O | C | I | O | A |
| R | H | N | O | P | N | I | F | I | E | O | C |
| A | R | E | P | O | C | S | E | I | N | N | I |
| L | A | U | D | O | S | T | R | O | T | I | O |
| D | Z | O | I | R | A | E | T | E | E | N | N |
| C | O | N | C | I | L | I | A | C | I | O | N |
| I | M | P | A | R | C | I | A | L | S | A | A |

Capítulo 4
# Comunicación en situaciones de quejas y reclamaciones en consumo

# Contenido

# 1. Introducción

El recorrido cognitivo de este manual encuentra su estudio en el detalle conceptual de los términos que marcan la disconformidad del consumidor con el trato e información recibida en la entidad.

Este hecho hace necesaria una reflexión empírica sobre las caracterizaciones y diferencias de conceptos tan recurrentemente utilizados como queja, reclamación, denuncia, etc.

En los capítulos anteriores se ha tratado el marco legal, institucional y social, para enmarcar la temática en el entorno en el que se desarrolla, de ahí la necesidad y justificación que supone el capítulo actual: el conocimiento de las distintas formas que manifiestan el efecto negativo o carencial del consumidor o usuario en su relación con la entidad productora de bienes o servicios.

De igual manera, quedan enmarcados en este estudio los entornos de comunicación que contienen la aplicación práctica de estos conceptos, así como las teorías más comúnmente aceptadas sobre su tratamiento.

# 2. Conceptos

Esta andadura sobre el conocimiento de la comunicación en las situaciones de quejas y reclamaciones sobre consumo, no puede empezar de otra manera que dedicando un apartado a la introducción conceptual que ayude a entender de forma clara y concreta los conceptos más importantes que afectan esta comunicación.

## 2.1. Queja

Coloquialmente "quejarse" es una acción subjetiva del individuo hacia una situación o planteamiento determinado. La sustantivación de esta acción, por tanto, "la queja" supone la manifestación del hecho o circunstancia con la cual no se está de acuerdo.

De ahí, que se pueda definir el concepto queja, en el entorno del consumo, como una comunicación con muestra o manifestación de inconformidad por parte del consumidor o usuario.

Este concepto posee cierto carácter de informalidad y subjetividad, por lo que en la mayoría de los casos, queda como solo eso, una mera manifestación de desacuerdo con un hecho planteado.

 **Ejemplo**

María acude al Sumo, su bar favorito a tomar unos refrescos con sus amigos, tras ir al baño le indica al camarero su malestar porque no hay papel higiénico como ya le ha ocurrido otras veces. El camarero le indica que el no es el encargado de esos temas, le señala a una columna donde hay un buzón que pone "Quejas y Sugerencias", a lo que María escribe una nota y la introduce en el buzón. No obtiene respuesta, pero casualidad o no, siempre que va al baño del Sumo, hay papel higiénico de buena calidad.

## 2.2. Reclamación

Según la Real Academia Española de la Lengua, **reclamar** proviene del latín *reclamāre,* de la raíz *clamāre,* que significa gritar, llamar. Así, entre las múltiples acepciones de la palabra se encuentra la de "Clamar o llamar con repetición o mucha instancia", pero quizás la que más se adapta al estudio de este campo del consumo es la definición de "Pedir o exigir con derecho o con instancia algo" como por ejemplo reclamar el precio de un trabajo realizado o sencillamente reclamar atención sobre lo que se pretende enunciar.

Otra de las acepciones de la RAE de vital importancia para este tratamiento es "Clamar contra algo, oponerse a ello de palabra o por escrito. Reclamar contra un fallo, contra un acuerdo", donde en el consumo denominamos algo a la acción de intercambio de productos o servicios entre empresa/entidad/profesional y consumidor.

Así pues, reclamar es la acción que define la comunicación formal por la que se establece la inconformidad personal o colectiva sobre un hecho al que ha sido sometida la persona que impulsa dicha acción.

El término reclamación, por su parte, reviste un carácter más informal, se manifiesta en una forma más estudiada y estructurada de la cual siempre se espera una respuesta por parte de la entidad a la que se refiere la reclamación.

 ## Aplicación práctica

Lamacri y Elalber, son dos amigos que acuden a una clínica de cirugía plástica NewFace, S. A. para hacerse algunos retoques. Lamacri quiere reconducir su tabique nasal y Elalber ponerse Botox y un Microlifting.

Aceptan el presupuesto firmando un total por las dos operaciones, de 11.000 €. Las operaciones son un éxito y ellos lucen espléndidos, pero cual es su sorpresa, cuando al ver el extracto de su cuenta, la empresa ha cobrado 12.600 €.

Tras ponerse en contacto con NewFace, S. A., la responsable de administración les explica que esta diferencia es por que el post operatorio ha sido más largo y costoso de lo que habían presupuestado. Lamacri le hace manifiesta su disconformidad diciéndoles que ellos habían firmado un precio cerrado, a lo que considera un abuso la diferencia de precio, la responsable de administración se disculpa pero le dice que es la política de la empresa.

Elalber decide, a través de su web, mandar una comunicación formal, en la que muestra la ilegalidad de lo realizado, porque firmaron un presupuesto cerrado y le exige una devolución del dinero o una respuesta en la que se explique por qué no le devuelven el dinero, para acudir con ella a la Junta Arbitral de su ciudad.

1. Diferencie entre Queja o Reclamación en el caso expuesto.
2. ¿Son compatibles ambas acciones para la misma causa? ¿Cuál considera más importante?

Continúa en página siguiente >>

<< Viene de página anterior

## SOLUCIÓN

1. Los dos conceptos quedan reflejados en el ejemplo de la siguiente manera:

   La queja la realiza Lamacri a través de la conversación telefónica que mantiene con la responsable de administración. Es una comunicación informal, en la que no se exige respuesta debido al hecho planteado por la clínica.

2. Por su parte, Elalber lo que realiza es una reclamación a través de la Web, ya que de manera estructurada expone los hechos y exige una respuesta informando de su interés por llevar el caso hasta las últimas consecuencias.

   En este caso, efectivamente, ambas causas son compatibles e igualmente importantes, puesto que si al hacer efectiva la queja de Lamacri, la responsable de administración hubiera dado una solución convincente, no hubiera sido necesaria la segunda intervención de Elalber al respecto del hecho planteado. En este caso, ambas acciones son necesarias, complementarias e igualmente importantes.

---

## 2.3. Consulta

Se ha de considerar en este apartado, aquella comunicación con la entidad productora de bienes y servicios que no tiene porqué suponer malestar o consideración negativa hacia la actuación organizacional, sino, solamente búsqueda de datos que ayuden a hacer más eficiente y segura para el consumidor o usuario la acción de consumo.

Este es el caso de la consulta, por tanto, se define consulta como la acción de comunicación que se establece entre consumidores y usuarios, tanto potenciales como efectivos, y la entidad productora de bienes y servicios en la cual se pretende obtener información sobre aspectos relativos a la compra.

 **Ejemplo**

---

Amalio, fiel seguidor del Real Serón Balonpié, se dirige a su tienda oficial en busca de una bufanda de su equipo para animarles en el próximo partido. Su ilusión revierte un carácter trágico cuando se da cuenta de que la estantería que las contiene está vacía. A esto que se dirige a atención al cliente para consultar si hay alguna forma de conseguirla antes del partido de mañana. Esther, la dependienta le informa de que en 5 minutos su compañero Antonio repondrá la estantería con nuevas bufandas que acaban de llegar. En este instante la tragedia que se mascaba en el interior de Amalio se convierte en una gran tranquilidad.

---

Este concepto queda relegado en importancia a una mención diferenciadora respecto de otros conceptos más estrechamente relacionados con la comunicación de quejas y reclamaciones.

## 2.4. Denuncia

Hablar de denuncia denota un carácter más formal, no tanto en la estructura sino más en la repercusión de lo contenido.

Se define denuncia, como el hecho de manifestar un malestar sobre una relación entre dos partes, donde una informa acerca de un comportamiento ilegal, que es detectado por la otra que inicia la tramitación.

La diferencia fundamental de este concepto con el de queja y reclamación es que la denuncia reviste un tratamiento que lleva implícito incumplimientos legales o intenciones certeras de actuaciones al margen de la ley.

En materia de consumo, los aspectos que no recoge la Ley General para la Defensa de los Consumidores y Usuarios tales como lesión, intoxicación, etc., son llevados a cabo por la autoridad judicial a través de la denuncia de la parte dañada o su representante legal.

Las denuncias, en materia de consumo, se ejecutan también por parte de los usuarios cuando se niegan derechos fundamentales de los mismos en las relaciones de consumo acogidas a procedimientos legales.

## Ejemplo

Candela, tras percibir un trato irrespetuoso por parte de un dependiente de un supermercado, le solicita la hoja de reclamaciones para dejar constancia legal del daño percibido. El dependiente se niega en rotundo a darle la hoja de reclamaciones, a lo que Candela responde solicitando hablar con el superior. Reunida con este, Candela le expone lo sucedido y él le pide disculpas pero le dice que no disponen de Libro de Reclamaciones, con lo que Candela responde diciendo que es su obligación legal. La negativa definitiva del responsable hace a Candela llamar a la Policía, la cual se persona rápidamente y tramita la denuncia de Candela ante la ilegalidad manifiesta en el establecimiento en materia de consumo.

Al tratarse de materia de incumplimiento legal, estas denuncian se tramitan por la autoridad judicial, quedando excluidas de su gestión por el sistema de instituciones nacional de consumo.

## Actividades

1. Julio se intoxica por el consumo de unos calamares en mal estado que ha comprado en la Pescaderia Alés, S. L. ¿Debe solicitar una hoja de reclamaciones?
2. Rodriga, se dirige a su asesor de seguros y le muestra su descontento con el servicio de comunicación de siniestros. ¿Esto es una queja, reclamación o denuncia? Razone su respuesta.
3. ¿Cuál es la principal diferencia de la consulta con respecto a la denuncia, queja y reclamación?

## 2.5. Partes intervinientes

En todos los casos descritos con anterioridad, existen como mínimo dos partes:

- **Parte A:** la que realiza o tiene la intención de realizar la acción objeto de la relación, y en cuyo procedimiento se encuadran las consecuencias que la misma pudiera tener en la otra parte. Es la parte que mayor información posee sobre las posibilidades de actuación y esto le da un margen de maniobra mucho más amplio que la otra parte.
- **Parte B:** es el otro punto de la relación, sobre la cual recae o va a recaer la consecuencia de la acción. Posee menos información sobre el procedimiento y tiene menos margen de maniobra a la hora de controlar los efectos que pudiera tener la misma.
- **Otras partes:** pueden darse intermediarios que sirven de medio de recepción de la acción principal aunque los efectos de la misma recaen sobre la Parte B, que en todo caso es la afectada principal y por tanto la legalmente autorizada para titularizar las acciones de reclamación, queja, consulta y denuncia.

La intervención o no de terceros depende del carácter de la relación que se establece entre las partes, es decir, la existencia de intermediarios dará lugar a dos tipos de relaciones:

- **Relación directa:** se establece solamente entre las partes A y B solo y exclusivamente, afectador y afectado. Este es el caso de una relación en la que un cliente consume un producto o servicio.
- **Relación indirecta:** cuando bien por temas legales (tutores legales) o bien por voluntad de las partes (asesoría) la parte titular queda representada por un tercero.

Aplicación práctica

Belén, de 10 años de edad, se intoxica por unas gambas en mal estado en el comedor escolar. Su madre denuncia al comedor por falta de prevención higiénica y deficientes condiciones sanitarias. Ambas partes quedan citadas a juicio.

Identifique las partes existentes en este conflicto. ¿Puede intervenir una asociación de consumidores y usuarios?

SOLUCIÓN

Las partes que intervienen en el conflicto planteado en el enunciado son tres:

▮ Parte A: Comedor escolar: el cual ejerce su actividad de suministrar comida a los alumnos y alumnas.
▮ Parte B: Belén, la afectada por la acción de dispensa de alimentación de consumidor.
▮ Parte C: La madre de Belén, al ser menor de edad la niña, legalmente está representada por su madre, padre o tutor que ha de velar por el cumplimiento de sus derechos.

No tiene razón de ser la intervención de la asociación de consumidores y usuarios porque este campo, intoxicación, es uno de los supuestos excluidos de la Ley General para la Defensa de los Consumidores y Usuarios.

## 3. Caracterización del cliente/consumidor/usuario ante quejas y reclamaciones

Aspecto fundamental de la relación de consumo, es el planteado por la caracterización del titular de la queja o la reclamación, este, sea llamado consumidor, usuario o simplemente cliente, puede caracterizarse por infinidad de variables que condicionen el estado de la situación y la incidencia de los efectos.

**Sabía que...**

Al hablar de cliente, se habla en el concepto amplio de la palabra, no solamente la persona que compra o consume, en sentido general se trata de cualquier ciudadano que es afectado directamente por la actuación de la entidad o profesional. Contable y administrativamente solo se habla de cliente cuando se realiza la gestión comercial con él, sin embargo, en materia de consumo no tiene por qué darse la compra para vulnerar sus derechos como consumidor o usuario.

## 3.1. Situación, percepción, motivación: clima

Según numerosos estudios en materia empresarial, el clima de la organización, del centro de trabajo o del entorno empresarial condiciona en gran medida las consecuencias de las relaciones entre clientes y entidades o profesionales.

Evidentemente, cuanto mayor es la tensión o presión que se percibe en un entorno laboral, mayor va a ser el riesgo de aparición de conflictos, y la gravedad de sus consecuencias para trabajadores y empleados.

Para poder llegar a la definición de clima, es necesario hacer una breve parada en conceptos que lo condicionan tales como situación, percepción y motivación entre otros.

### Percepción

Según Matlin y Foley, 1996, la sensación se centra en experiencias inmediatas básicas, que se genera por estímulos aislados simples, Feldman en 1999, resumen la sensación en términos de la respuesta de los órganos de los sentidos frente a un estímulo.

Siguiendo este punto de partida, para estos dos autores, incluye además la interpretación de esas sensaciones, de manera que le da significado y organización. Así, cada individuo percibe una determinada sensación de manera subjetiva, es decir, cada individuo puede percibir la misma sensación de distinta forma.

Los elementos que intervienen en cómo perciba cada individuo una determinada situación, van a ser los siguientes:

- **Conocimiento técnico de la materia o el lenguaje:** la exposición de los hechos donde el cliente no es capaz de entender correctamente la situación hace crear en él una sensación de estrés, el interlocutor debe percibir esta situación y modificar su conducta para que el cliente no aumente su estado de ansiedad por su desconocimiento.
- **Experiencia:** una experiencia condiciona la percepción de una situación que posee puntos en común con la vivida anteriormente haciendo que la percepción sea diferente en función de cuál fue la experiencia similar vivida.
- **Personalidad:** evidentemente, los rasgos del individuo van a condicionar en gran medida la forma de afrontar una determinada situación en función de la percepción de la misma, ya que la reacción será fruto de la percepción y la personalidad.

 **Ejemplo**

Olivia es una persona muy nerviosa y de fuerte carácter, cuando llega a la estación de autobuses con su amiga Juana, ve que su autobús no aparece en la pantalla informativa. Rápidamente va a la ventanilla de información y pierde los nervios, grita y falta el respeto al chico de información porque ya perdió una vez el bus y el taxi le costó 50 €. Juana, de carácter más tranquilo, pide una explicación, y el chico de información descubre que el bus no está anunciado aún porque los viernes sale media hora más tarde. Olivia y Juana esperan conformadas su autobús.

En este ejemplo, se ve cómo la reacción de Olivia es muy exagerada por su carácter y la experiencia anteriormente vivida, la pérdida de las formas le hace que no solucione el problema, solo cree una situación de estrés.

Mientras tanto, su compañera, con otra personalidad más conciliadora, logra solucionar el problema y no ocasiona perjuicios verbales a nadie, por esta circunstancia.

**Actividades**

4. ¿En qué se centra el conocimiento técnico de la materia o el lenguaje?

5. ¿Por qué es importante la Experiencia a la hora de percibir una determinada situación?

 **Sabía que...**

Las personas que tienen miedo a volar en avión logran superarlo gracias formación basada en la técnica de vuelo de un avión, es decir, se le explica por qué el avión vuela y cuál es la razón por la que despega y aterriza. Este miedo a volar se minimiza con la experiencia, cuando se realizan varios vuelos, y no hay problemas, se van percibiendo las sensaciones experimentadas como normales y habituales, por lo que el miedo a volar desaparece. En cambio, si en el vuelo se dan malas circunstancias, esta experiencia no favorece el fin perseguido.

**Situación**

La situación se define como el contexto que contiene la acción, en ella se dan una serie de elementos físicos y humanos que determinan las característi-cas del entorno que afecta al hecho.

La situación, en un determinado acto, se puede definir por la conjunción de infinidad de variables, que van a determinar la mayor o menor eficiencia en la comunicación. Estas variables pueden ser:

- **Lugar donde se da la acción:** espacio concreto donde se lleva a cabo la acción de comunicación.
- **Número de receptores del mensaje:** para que exista comunicación deben existir receptores, al menos uno, del mensaje a comunicar.

- **Ruido existente para la comunicación:** la situación también se define por el ruido que haya en el contexto de la comunicación, así, cuando dos personas intentan hablar en un pub donde la música y el murmullo de la gente es elevado, no se pueden entender.

- **Conocimiento del código empleado:** la situación también condiciona la eficiencia de comunicación en cuanto al código empleado. No es lo mismo, por ejemplo, dar una conferencia sobre Química Inorgánica en la Facultad de Química que en un Hogar del pensionista.

- **Motivación de los receptores potenciales para escuchar el código:** un aspecto muy estudiado en Publicidad es cómo darle al mensaje el punto motivador para que el receptor potencial se interese por él y le preste mayor atención.

- **Otras actividades que se desarrollan simultáneamente en la ubicación determinada para la acción:** por ejemplo, no es lo mismo ir vendiendo agua fresca por la orilla de la playa, donde todo el mundo está tomando el sol y bañándose, que ir a vender esa agua a la puerta de un supermercado donde la gente sale de comprar.

- **Momento:** dadas las variables anteriores, la situación puede cambiar mucho en función del momento en el que se dé. Por ejemplo, la afluencia de personas en un Centro comercial un sábado por la tarde no es la misma que un lunes por la mañana.

 **Recuerde**

A efectos de interlocución activa entre los individuos, la Teoría de la comunicación, determina la situación como un factor de la comunicación que incluye el contexto en el que se da el proceso de comunicación. Este proceso incluye los diferentes ámbitos que afectan la calidad de la conversación, es decir, medio físico, social, cultural, etc. Existen otras posturas que acotan el campo de la situación simplemente al marco de la lengua empleada, es decir, el conjunto de signos de comunicación. Si bien es cierto, está demostrado que el canal es igual de importante que los demás elementos de la comunicación (emisor, receptor, código).

Por lo tanto, es muy importante, para la correcta recepción del mensaje transmitido la situación en la que se emita, de manera que, el mismo mensaje puede cambiar su percepción y significado según el lugar en el que se transmita.

## Actividades

6. Indique un ejemplo de situación donde la comunicación sería imposible debido a la situación.
7. Señale 3 variables que afecten a la comunicación según la situación planteada para la misma.

## Aplicación práctica

Elruki Cansado es un profesor de economía que decide dedicar su jubilación a dar charlas por los pueblos sobre las técnicas de consumo responsable. Para ello, habla con los ayuntamientos para ofrecerles su propuesta a través de un mail con el título "Compra y Ahorra en la Crisis".

Para empezar manda 10 *e-mail* a 10 ayuntamientos. De los cuales, le contestan 3 de forma afirmativa, ofreciéndole las siguientes posibilidades:

■ Ayuntamiento 1. Dar charlas en la Asociación de Amas y Amos de Casa de la localidad.
■ Ayuntamiento 2. Llevar a cabo estas charlas en el Instituto de la localidad como actividad extraescolar.
■ Ayuntamiento 3. Hacer una Jornada en el propio Ayuntamiento, donde asistan los ciudadanos interesados.

¿Cuál es la forma de comunicación empleada para dar a conocer el proyecto de Elruki Cansado?

Valore la idoneidad de las propuestas y ordénelas de mayor a menor eficiencia potencial de la situación.

Continúa en página siguiente >>

<< Viene de página anterior

## SOLUCIÓN

El método empleado es la vía telemática, es decir, a través de correo electrónico, con un mensaje muy atractivo para fomentar la lectura (motivación) por parte de los receptores del mensaje.

Las tres situaciones planteadas, aun siendo diferentes, son interesantes por el hecho de que el tema es conocido por las tres, ya que es un tema de actualidad y de un grado de conocimiento social muy sobresaliente:

I La acción menos efectiva es la propuesta por el Ayuntamiento 2 por considerar que en el Instituto, aunque hay potenciales consumidores, muy raramente van a ser los que programen la economía del hogar.

I La más eficiente potencialmente podría ser la tres, ya que no es una charla impuesta, es decir, todo el público que asista va a ser conocedor del tema y por lo tanto interesado en el mismo, la situación planteada aquí, va a ser más positiva hacia el mensaje.

I En un punto medio, pero muy importante, quedaría el Ayuntamiento 1, porque trataría una situación cargada de multitud de receptores interesados en el mensaje, ya que son los amos y amas de casa, los encargados de gestionar el presupuesto de consumo.

---

## Clima

El clima, en el contexto social y antropológico se refiere al ambiente sensorial que se crea entre los grupos de individuos, bien de forma interna, es decir, entre los miembros de un grupo, o bien en la interrelación de esos grupos.

 Sabía que...

Kurt Lewin, prestigioso sociólogo de origen polaco, fue quien desarrollo el clima como el fruto de las fuerzas que se dan reunión en un determinado lugar; asociando el rendimiento de los participantes en el sistema afectado por estas fuerzas a las características de estas influencias y a la percepción que de las mismas experimentaban los sujetos.

---

Así por ejemplo, el clima creado entre los ciudadanos se configura, no solo a través de su comportamiento, sino también de muchos otros factores, se representan en la siguiente figura:

**Factores que intervienen en el clima**

Desarrollando esta figura, cada uno de estos factores se pueden conceptualizar de la forma siguiente:

- **Personalidad de los individuos:** como rasgo principal, se entiende que la personalidad de cada uno de los miembros que se interrelacionan van a marcan en sobremanera el comportamiento global y, por tanto, el clima.
- **Fortaleza del Líder:** cuanto mayor sea la fortaleza del líder y su capacidad de hacer seguir a los miembros de un grupo, menos tensión presentará el clima de la situación de interrelación entre los individuos.
- **Relaciones de dependencia:** se trata del grado mediante el cual cada persona va a velar por el mantenimiento de la otra para su continuidad. Por ejemplo, las empresas velan por la solución de los conflictos creados con los clientes precisamente por esta causa descrita, la relación de dependencia, puesto que una empresa para subsistir necesita de clientes donde colocar su producción. Así pues, su mala gestión en este respecto, les hace perder los clientes y por lo tanto peligrar su continuidad.
- **Relaciones de autoridad:** fruto de las anteriores, las relaciones de autoridad, pueden marcar también las relaciones de dependencia. Igualmente,

la autoridad se manifiesta en el poder de un individuo o grupo de individuos para modificar comportamientos de sus cohabitantes.

- **Otros:** además de los descritos, existen múltiples factores que, aunque
con menor intensidad, conforman el clima existente, por ejemplo las condiciones atmosféricas, el tiempo desde que se conformó el grupo, etc.

 **Sabía que...**

El clima atmosférico es un factor que condiciona el ambiente social, donde numerosos
estudios demuestran que el número de horas de luz natural y las temperaturas cómodas
hacen climas más dinámicos y confortables, y en el marco empresarial, más productivos. En
contrapunto, condiciones climáticas duras crean mayor número de tensiones y desagravios
entre los individuos que conforman el grupo.

## 3.2. Tratamiento

Los conceptos expuestos con anterioridad, van a dar lugar a infinidad de
formas de afrontar una determinada situación o conflicto determinado.

Además de la situación, la percepción y el clima, existen otra serie de factores que van a afectar el tratamiento que se haga de una determinada circunstancia relacionada con la intervención de conflictos entre clientes y entidades.

Algunos de los factores más relevantes en esta afectación son los siguientes:

- Personalidad del vendedor u oferente.
- Talante del consumidor.
- Repetición: el número de conflictos iguales o similares a los que se ha
visto sometido el cliente.
- Intensidad: según la gravedad del hecho el tratamiento va a ser más
somero o más meticuloso, la intensidad va a venir marcada por la complejidad y la incidencia de sus consecuencias.

- Exigencias técnicas: se trata del grado de conocimiento que ha de tener la parte implicada (entidad o profesional) que le otorga capacidad para resolver el conflicto.
- Competencia del interlocutor que representa la entidad o profesional en el conflicto: muchas veces para un correcto tratamiento del conflicto se ha de llevar el mismo a la persona con capacidad para resolverlo, es decir, ha de tener autoridad suficiente para trabajar en la resolución del mismo.

 ## Aplicación práctica

**Mercedes acude a su tienda habitual de sofás para reclamar que el sofá que compró le ha sido entregado con desperfectos, de hecho, le falta una pata. En la tienda le dicen que el transporte no lo realizaron ellos, que lo subcontrató con otra empresa, porque ellos no incluyen el transporte ni montaje de los muebles. Ella indignada pide el libro de reclamaciones porque el sofá se lo pagó a ellos y ahora está estropeado, lo demás le resulta indiferente. El dependiente le explica que es correcto que reclame, pero que ha de reclamar a la empresa del transporte que es la que ha causado el daño al sofá.**

- **¿Tiene razón Mercedes?**
- **¿Actúa correctamente el dependiente?**
- **Indique los factores que inciden en el tratamiento de la situación planteada.**
- **¿Debe conformarse Mercedes con su sofá roto?**

### SOLUCIÓN

Mercedes, en este caso, está equivocada, porque el sofá se ha vendido en las condiciones adecuadas, ha sido la posterior manipulación la que ha creado los desperfectos. La reclamación no procede porque el daño lo ha producido otra empresa ajena a la vendedora.

El dependiente actúa correctamente porque le informa de la situación de forma certera, no se han cometido irregularidades por parte de la empresa vendedora.

Los factores que inciden son:

1. Personalidad del vendedor: su adecuada exposición de los hechos con explicación cuidada y respetuosa de la situación hace eficaz su intervención.
2. Competencia: la capacidad mostrada en cuanto al dominio de los aspectos que afectan la situación hace que la resolución sea más rápida y creíble.

Continúa en página siguiente >>

<< Viene de página anterior

3. Intensidad: al no suponer perjuicio para la empresa, pero sí para el cliente, se ha de cuidar la situación y orientar al cliente en su actuación para solucionar el problema.

4. Mercedes no se ha de quedar con su producto en mal estado, simplemente ha de ir al lugar correcto, la empresa de transporte, y mostrar su situación, así como exigir responsabilidades, y en caso de no recibir solución, emitir la reclamación.

## 4. Procesos de comunicación en situaciones de consultas, quejas y reclamaciones

En este apartado se tratará el detalle de la relación de comunicación entre personas, en función del medio de trasmisión de la información.

La siguiente figura muestra gráficamente el esquema de los factores que intervienen en el proceso de comunicación:

**Elementos que intervienen en el proceso de comunicación**

Detallando cada uno de ellos, se relacionan a continuación los aspectos más relevantes de cada uno de ellos y su papel en el proceso de comunicación:

- **Emisor:** es la persona que posee la información principal y la expone en la relación con la otra o las otras personas.
- **Receptor:** es la parte de la comunicación que recibe la información por parte de la persona que la emite.
- **Mensaje:** es la información que se pretende transmitir y por lo tanto la razón de ser de la existencia de la comunicación, puesto que sin información ordenada en forma de mensaje, no existiría emisor (puesto que emite la información) ni receptor (recibe esa información estructurada en un mensaje).
- **Canal:** es el medio por el cual se difunde la información, escrito, hablado, etc.
- **Código:** son los caracteres y símbolos sobre los que se sustenta la información y que deben ser conocidos.
- **Ruido:** otro factor a tener en cuenta en la comunicación es la posibilidad de que existan interferencias que distorsionen la comunicación, esto es el ruido. Por ejemplo, una persona que está hablando con otra y aparece un tercero que habla a la vez con una de ellas.
- **Retroalimentación:** la retroalimentación o Feedback, es el proceso por el que el emisor percibe que el mensaje está siendo recibido por el receptor a través del comportamiento de este último según va llegando la información. De esta manera el emisor puede conocer que la comunicación existe, que el canal funciona, que el receptor entiende el código o que el nivel de ruido no impide la comunicación.
- **Contexto:** este concepto se define como el entorno que afecta a la comunicación y que no se describe en ninguno de los apartados anteriores, por ejemplo: lugar donde se lleva a cabo, hora, duración, etc.

Sea cual sea su duración y contenido, el proceso de comunicación se lleva a cabo de manera eficiente cuando el receptor entiende el mensaje que el emisor tiene la intención de transmitir.

## Sabía que...

Existe lo que se conoce como la comunicación de masas, donde existe un emisor y multitud de receptores. Este es el caso de la prensa escrita, la radio, la televisión, los paneles informativos, los carteles publicitarios, etc. Y esta comunicación será tanto mejor cuanto mayor sea el número de receptores potenciales de la misma.

## Actividades

8. Indique la importancia del Canal en el proceso de comunicación.
9. ¿Qué se entiende por Código en la comunicación? Ponga un ejemplo.

## 4.1. Interpersonal

Tradicionalmente la comunicación directa entre las personas, que en este apartado se denominará interpersonal, en referencia a la situación presencial de los interlocutores, se ha configurado como el medio más seguro y fiable de comunicación, pues es el sistema de comunicación que controla el mayor número de variables:

- Lenguaje basado en un código comprendido entre los interventores en la comunicación.
- Lenguaje corporal: a veces es el que más información da a la otra parte, estado de ánimo, nerviosismo, mirada, complicidad, etc.
- Minimización del ruido: al poseer en el contacto directo la posibilidad de controlar mayor número de variables que afectan al proceso de comunicación.
- Control sobre el canal: en este caso, y paralelamente al anterior, tanto emisor como receptor tienen mayores posibilidades de control sobre el canal.

Aplicación práctica

José Alberto, en su último viaje a China, se compró una Tablet de última generación por muy poco dinero en relación a su precio en España. Un mes después, la máquina empieza a operar con incoherencia y muestra fallos severos en su funcionamiento.

Busca los papeles de la garantía y descubre que vienen en chino y no se entera de nada, y no sabe cómo solucionar el problema.

Indique los elementos de la comunicación aquí.

Señale los aspectos que dificultan el desarrollo de la misma.

¿Qué propone para solucionar el problema de José Alberto?

**SOLUCIÓN**

En este caso, la comunicación se compondría de los siguientes elementos:

- Emisor: empresa china que vende el producto.
- Receptor: cliente.
- Canal: escrito, a través de la documentación del producto.
- Mensaje: forma de proceder en caso de avería.
- Código: idioma en el que está escrito.
- Retroalimentación: en este ejemplo no existe la retroalimentación puesto que el proceso de comunicación no está cerrado, es decir, el receptor no entiende el mensaje y por lo tanto la empresa vendedora no posee conocimiento de que ese mensaje ha sido transmitido.

La comunicación se interrumpe porque el código del mensaje no es comprendido por el receptor, por lo tanto se puede afirmar que la comunicación no llega a producirse realmente.

La solución más adecuada podría ser solicitar una traducción del texto de chino a español, y ver las posibilidades de actuación con los datos obtenidos.

En el caso anterior, puede que la empresa vendedora nunca sepa que este consumidor no ha sido capaz de entender el mensaje y que no ha podido solucionar su problema, la comunicación aquí no es interpersonal.

En cambio, si este mismo caso se diera entre dos personas que empiezan una conversación, una puede percibir que la otra no está comprendiendo lo que ella le quiere decir, gracias a la existencia de otras fuentes de información como el lenguaje corporal.

## 4.2. Telefónica

Siguiendo el orden de aparición en escena, llega el momento del segundo tipo de comunicación más extendido en la actualidad: la comunicación telefónica.

En este caso, el proceso de comunicación sigue el mismo esquema establecido, pero con la premisa de que el canal de comunicación se desarrolla a través del teléfono, hecho que hace que la comunicación sea interpersonal pero no necesariamente en el mismo lugar, puesto que el teléfono supuso una herramienta que revolucionó el proceso de comunicación de larga distancia.

Las ventajas de este medio de comunicación son las siguientes:

- **Posibilidad de improvisación:** debido a que se controla el mensaje de forma similar al de la comunicación cara a cara.
- **Control de variaciones:** según las respuestas del receptor, se va comprobando que la comunicación se desarrolla de manera adecuada.
- **Control del código:** a medida que se desarrolla la conversación, se comprueba que la otra parte está siendo activa en el proceso de comunicación, es decir, va comprendiendo el mensaje, conoce el código.
- **Rapidez:** a través del teléfono se agilizan las gestiones a usando una comunicación fluida y eficiente.

Dentro de los **inconvenientes** más destacables de este tipo de comunicación frente a la que se desarrolla entre dos o más personas en un lugar determinado, se considera:

- Imposibilidad de acceso al lenguaje corporal, con lo que la calidad del mensaje es más pobre.

- Dependencia de las redes de cobertura y el buen funcionamiento del teléfono
- Para que se desarrolle la comunicación es necesario que ambas partes dispongan de este aparato, si una de ellas no lo tiene, la comunicación no se lleva a cabo.

Hoy día, las redes telefónicas y el desarrollo de los aparatos telefónicos ha revolucionado el mercado, hasta el punto que desde muy tempranas edades, cada individuo posee su propio teléfono y vive asociado a un número que da acceso a la comunicación con él.

*Evolución experimentada por el teléfono en la actualidad así como su relación con las telecomunicaciones.*

 **Sabía que...**

Más del 95 % de las personas de más de 16 años poseen un terminal telefónico en nuestro país, hecho que demuestra el grado de dependencia del ser humano de este aparato para el proceso de comunicación.

 **Actividades**

10. Describa los rasgos fundamentales de la comunicación telefónica.
11. ¿Qué es el lenguaje corporal?

## 4.3. Escrita

Otro tipo de comunicación a tener en cuenta, desde el punto de vista del canal por el que se transmite es la comunicación escrita que, usando caracteres del lenguaje, desarrolla los mensajes de manera que pueden dar lugar a una comunicación asincrónica, esto es, en diferentes tiempos según cuando se emite y cuando se recibe.

Esta comunicación escrita puede estar destinada a otra persona concreta, como por ejemplo, una carta a un amigo, o a un gran número de personas, como el anuncio de un refresco en una revista de moda.

 **Aplicación práctica**

**Nico tiene la Frutería La Manaca, que ha heredado de su padre, el Señor Bola, en ella ofrece grandes descuentos. Tradicionalmente su padre salía a la puerta y gritaba los descuentos que tenía y la gente cuando lo escuchaba acudía a comprar los productos ofertados.**

**Nico, que no le gusta gritar, ha decidido poner una pizarra en la puerta, y cada día escribe los descuentos que posee. El éxito es mucho mayor en cuanto a la afluencia de personas, y su garganta está mejor cuidada que la de su padre.**

**Indique los diferentes tipos de comunicación empleados por el Señor Bola y por Nico.**

**¿Qué método es mejor? ¿Por qué?**

**SOLUCIÓN**

El Señor Bola utilizaba la comunicación tradicional en la que se llama la atención de los consumidores en el mismo momento que se lanza el mensaje hablado. En cambio, Nico emplea el sistema de comunicación escrita a través de la pizarra que ha colocado en la calle.

Para definir claramente cuál es mejor, habría que conocer el entorno en el que se ubica el negocio, si bien es cierto, el escrito permite llegar a mayor número de personas en cuanto a su tiempo de exposición, pero para que este sea recibido por los consumidores potenciales, estos deben percatar su existencia y entenderlo.

## 4.4. Fax

Derivado del anterior, el fax, entendido como un teléfono de comunicación exclusivamente escrita, permite la comunicación de emisor y receptor sin necesidad de que ambos estén disponibles para la misma en un momento dado.

La posibilidad de envío de mensajes escritos a la dirección del receptor, supone una ventaja respecto al teléfono, ya que no requiere la disponibilidad inmediata del receptor para el establecimiento de la comunicación.

*El fax puede ser utilizado como una herramienta de comunicación escrita.*

El inconveniente principal de este modo de comunicación es que no asegura que la otra persona reciba efectivamente el mensaje y sea capaz de comprender el código en el que está expresado. Puesto que aunque un fax lleve un mecanismo de confirmación, lo que confirma es el envío, en ningún caso la lectura y comprensión efectiva del receptor.

 **Sabía que...**

El correo electrónico ha desbancado al fax en cuanto a las gestiones empresariales, y más aún en los envíos de publicidad, ya que a principios del presente siglo, eran muchas las empresas que se quejaban de la masiva recepción de publicidad a través del fax.

El fax también posee un serio problema para las empresas, en tanto al coste de la recepción de los mensajes, tanto en papel como en la tinta empleada, ya que la impresión del mismo corre a cargo de la empresa receptora.

## 4.5. Telemática

Fruto de las nuevas tecnologías y del avance de las comunicaciones, la comunicación a través de Internet se han convertido en uno de los aspectos comunicativos más empleados en la actualidad.

El desarrollo de los teléfonos mencionado en el apartado anterior, ha llevado consigo la posibilidad que desde el propio terminal se puedan emitir correos electrónicos y mensajes cortos.

En el ámbito del consumo, la mediación y el arbitraje, el desarrollo de las aplicaciones telemáticas ha supuesto una revolución en el progreso hacia la mejora de la eficiencia de la gestión administrativa empresarial por, entre otros, los siguientes motivos:

- Ahorro de tiempos de espera entre emisor y receptor, al permitir la emisión y recepción del mensaje de forma no necesariamente simultánea.
- Eficiencia económica: al ser una forma de comunicación muy accesible a muy bajo coste en relación a otras.
- Beneficio medioambiental: la posibilidad de visión sin impresión hace que se minimicen de forma considerable el número de impresiones de profesionales y empresas.
- Eliminación de distancias: existiendo la posibilidad de intercambiar mensajes desde distintos puntos del mundo sin necesidad de moverse.
- Posibilidades de envío masivo: de gran importancia para empresas a la hora de realizar acciones promocionales y de *marketing*.

De cualquier forma, el avance experimentado por la comunicación telemática en cuanto a los procesos administrativos experimentados, ha revolucionado el mundo de la comunicación, y lo que es más importante, aún sigue avanzando y perfeccionando sus posibilidades.

## Recuerde

Son muchas las administraciones públicas que permiten hoy día realizar gestiones a través de sus plataformas webs así como comunicarse con los usuarios a través de *e-mail*, para resolver dudas, consultas o cualquier aspecto relacionado con la gestión administrativa de carácter público. Gran ejemplo de ello, son las Juntas Arbitrales, con posibilidad de comunicación y gestión telemática de reclamaciones.

## Actividades

12. Realice una comparativa entre teléfono e *e-mail* e indique ventajas e inconvenientes de cada uno de ellos.
13. ¿Qué medio de comunicación considera más eficiente? Razone su respuesta.

### Redes sociales

La evolución de la sociedad de acuerdo a la tecnología empleada no acaba en la conexión a espacios webs. Las redes sociales llegaron para quedarse e ir cogiendo un papel cada vez más importante entre la ciudadanía mundial. Por este motivo, las organizaciones empresariales se han unido a estas redes para potenciar su presencia en el mercado.

Estas redes abren un nuevo canal de comunicación cliente-empresa que ofrece un canal fluido, rápido y eficiente de intercambio de información; entre estas corrientes de datos, se da espacio al servicio de Atención al cliente, tanto en el momento de la precompra como en el servicio posventa. Esto se debe al hecho de que el cliente no debe percibir diferencias independientemente del canal de comunicación que utilice y siempre que se confirme la recepción del mensaje por la otra parte.

En el campo que trata este capítulo y, sabiendo que la comunicación cliente empresa en redes sociales puede ser pública (ejemplo tablón de *Facebook)* o privada (mensajería abierta de la red); la conformidad que asegura la comunicación de la queja/reclamación/incidencia es la segunda opción, es decir, que el usuario se ponga en contacto por mensaje y compruebe que la recepción del mismo ha sido correcta. Esto es así porque, aunque las entidades públicas revisan los comentarios realizados de forma pública en su red para obtener información sobre la satisfacción del cliente, estos no aseguran que serán efectivamente leídos.

A través de la comunicación privada, los usuarios van a realizar un seguimiento de cómo, cuándo y de qué manera la empresa atiende las quejas sus reclamaciones.

 Sabía que...

Más del 90 % de los usuarios que usan los espacios públicos de comentarios en redes sociales son para realizar críticas y comentarios negativos acerca de compra de productos o consumo de servicios de la empresa en cuestión.

## 5. Herramientas de comunicación aplicables al asesoramiento y la negociación de conflictos de consumo

Es el momento de hacer una parada para profundizar en el conocimiento de aquellas herramientas que sirven de ayuda a la comunicación para la resolución de conflictos, y de manera concreta aplicarlos al estudio de los problemas o incidencias surgidas en el proceso normal de consumo.

## 5.1. Teoría de la argumentación: componentes, contexto y condiciones

La teoría de la argumentación es el estudio de la forma en la que se llegan a conclusiones para resolver conflictos en bases a la lógica y la evidencia. Esta teoría se fundamenta en la interposición de posiciones en la conversación entre las partes, por la que cada una de ellas intenta exponer su punto de vista coherente, y su propuesta de solución.

Este símil se da en las mediaciones o arbitrajes vistos en capítulos anteriores, con la diferencia de que en la Teoría de la Argumentación no se contempla necesariamente la existencia de un tercero objetivo e imparcial, lo que se asemeja al arbitraje y a la mediación es la exposición de argumentos razonados por ambas partes del conflicto.

La teoría de la argumentación se basa en el debate, referente a la negociación de la mejor resolución o actuación para las partes, de manera que se llegue a un consenso de qué acción es la mejor en cada caso.

En este punto, también se contempla el "diálogo erístico" que es una tipología del debate en la que el éxito del mismo se consigue con el convencimiento de una parte sobre la decisión de la otra.

La argumentación es usada en los juicios para probar y/o refutar la validez de ciertos tipos de evidencias. Los estudiosos de argumentación estudian las racionalizaciones post hoc (son aquellas conclusiones a las que se llega una vez observado un hecho y sus consecuencias), mediante las cuales un individuo puede justificar decisiones que originalmente pudieron haber sido realizadas de forma irracional, es decir, se trata de argumentar un hecho no planificado en base a la observación de como se ha desarrollado y los efectos del mismo en el entorno estudiado.

### Componentes

Los principales componentes que presenta la teoría de la argumentación, se describen a continuación:

- **Razón principal:** a favor de la cual se quiere argumentar por ser considerada el centro del conflicto.
- **Posturas de las partes:** un conjunto de puntos a tener en cuenta desde las cuales se pretende explicar cada una de las partes.
- **Argumentación de la postura:** una argumentación para cada uno de los puntos que se confrontan.
- **Posibles soluciones o conclusiones del conflicto:** donde se presenta un abanico de posibles acciones que solucionen el conflicto de forma favorable a ambas partes.
- **Identificación de las pruebas o evidencias:** que respaldan los argumentos y que pueden ser expuestas de forma oral o escrita.
- **Falacias:** donde se pretende encontrar los fallos o deficiencias en el argumento, tanto para aumentar la credibilidad del opuesto o anular el mismo.

 Actividades

14. ¿Es siempre equitativa la solución contemplada por la teoría de la argumentación?
15. ¿Por qué son importantes las pruebas de los argumentos?

## Contexto

El contexto de la argumentación incluye el conjunto de creencias, ideales, experiencias y en general, todos aquellos aspectos relacionados con la cultura de la comunidad a la que cada uno de ellos pertenece, que no siempre es la misma para ambos.

De igual forma, el contexto afectará al significado de los comportamientos y las palabras, puesto que una misma palabra puede ser interpretada de diferente forma según la experiencia de cada uno de ellos y su formación.

Por esta razón, en el contexto de los conflictos de consumo, interviene un tercer objetivo, imparcial y conocedor del contexto de las partes (Mediación y Arbitraje) que se encarga de exponer la mejor conclusión para ambos, así se soluciona el problema de la diferencia contextual de intereses.

 **Ejemplo**

Mari y Piedad discuten en su viaje a Punta Cana porque habían reservado habitaciones separadas y cuando llegan al Hotel le dan una habitación conjunta. Se ponen a discutir con el Director del hotel y le dicen que lo que contrataron era diferente a lo que se les está ofreciendo. El director dice que tiene un mail donde pone habitación doble y ellas tienen la reserva con habitación individual. Como no llegan a un acuerdo, llaman a la Agencia de Viajes, la que, tras hacer las comprobaciones oportunas se dan cuenta de que es un error y solicita al hotel el cambio. Mary y Piedad finalmente disfrutan de la intimidad de sus habitaciones individuales.

**Condiciones**

A la hora de enfocar la conversación, esta teoría contempla dos tipos de condiciones:

- **Condiciones de propiedad:** referidas a las características que ha de poseer el receptor del mensaje en forma de argumento.
- **Condiciones de legitimidad:** son las que giran en torno a la veracidad y la autenticidad del argumentador.

Ambas condiciones son necesarias para el desarrollo de la argumentación de las partes y a su vez recíprocas, es decir, han de poseerlas ambas partes.

**?** Sabía que...

Ante la emisión de un argumento, compuesto de varias ideas, cuando la otra parte detecta que una de las ideas es errónea, ilegal o incorrecta, el argumento total pierde validez.

## 5.2. Dialéctica de la argumentación

La dialéctica es el arte de formar las expresiones que conforman los mensajes. En el contexto de la argumentación, se puede definir la dialéctica de la argumentación como el enfoque y estructura de la exposición de hechos que tiene como finalidad la construcción de argumentos correctos, sólidos y convincentes.

A menudo se suele escuchar la expresión "No me sé explicar muy bien", pues este hecho es el que hace que una persona pueda encontrarse en desventaja de otra a la hora de realizar el enfoque de su argumentación.

Por este motivo, en el ámbito del consumo, nos encontramos con Asociaciones de Consumidores y Usuarios, que en su función de representación del consumidor, logran hacer llegar los mensajes o escritos de los hechos acontecidos a los consumidores y usuarios de una forma más eficiente, clara y convincente.

La dialéctica de la argumentación se basa en aspectos tales como:

- **Vocabulario empleado:** debe ser lo suficientemente técnico para expresar las ideas de forma clara y no excesivamente especializado para que sea comprendido por la otra parte.
- **Estructura de las oraciones:** en los argumentos, se han de usar frases cortas que acoten ideas, evitando frases largas que hagan perder o difuminar la raíz del mensaje.
- **Entonación:** en el caso de la argumentación verbal, el tono empleado va a condicionar la credibilidad del argumento que se está exponiendo. Un

lenguaje pausado y razonado da más credibilidad que tonos elevados y alzas y bajas en la entonación de las frases.

■ **Párrafos:** en general, cada párrafo, en el caso de argumentaciones escritas, se debe hacer coincidir con ideas principales de la argumentación, esto ayuda a su síntesis y análisis.

■ **Estructura global del argumento:** donde ha de reflejarse claramente una introducción de argumento, un desarrollo del mismo y un desenlace o conclusión, tanto si es escrito o verbalizado.

 Sabía que...

Las personas que gritan al hablar, o poseen tonos muy altos en su exposición son más difíciles de atender en sus argumentaciones y menos creíbles en sus razonamientos. Y de igual forma, argumentaciones en tonos muy bajos, son ineficientes desde el punto de vista de la comunicación porque el receptor pierde interés en su esfuerzo por entenderlas.

## 5.3. Negociación y sus técnicas de comunicación

La negociación es el arte de confrontar dos o más partes con distintos intereses con la finalidad de llegar a un acuerdo que reporte beneficios para una y otra parte.

La negociación se basa en la argumentación, pues se trata de convencer a la otra parte de que la actuación pretendida por la primera es la más idónea.

La diferencia entre argumentación y negociación radica en que en la argumentación es posible que la otra parte no presente intereses encontrados, es decir, que no le suponga esfuerzo ni perjuicio escuchar la argumentación y actuar sobre lo que marca.

## Ejemplo

Macrina y Amalio deciden ir al cine, Macrina aboga por una película de terror argumentando que es una hora perfecta para ese tipo de película y ha escuchado que tiene un final sorprendente que le llama mucho la atención. Amalio, tras escuchar el argumento decide ir a ver esa película porque además no tiene interés en otra.

## Aplicación práctica

Many y Pilar acuden a un concesionario a comprar un coche para ir al trabajo. Les encanta un bonito modelo valorado en 12.000 €. Many no tiene nada más que 12.000 € con lo que si unimos el importe del coste más de los impuestos, no le llega para comprarlo.

Miguel, el vendedor, le dice que le puede financiar la mitad del vehículo pero Many no quiere porque no le gustan los préstamos. Comenta que va a ir a otro concesionario a comprar otro vehículo más económico.

Antes de que salga por la puerta, Miguel le dice que va a intentar negociarlo con su jefe superior por si puede bajárselo en 2.000 €.

Tras 30 min de espera, Miguel llega con la buena noticia de que puede vendérselo por 10.000 €. Many emocionada, firma la compra del coche.

Analice los aspectos de la negociación en relación a los intereses de las partes.

Indique semejanzas con la argumentación.

Continúa en página siguiente >>

≪ Viene de página anterior

## SOLUCIÓN

Los intereses encontrados son, por cada una de las partes, los siguientes:

a. Many: no quiere quedarse sin dinero, ni acceder a financiación.
b. Miguel: no quiere perder la venta.

Ambos intereses relacionados con el mayor o menor importe de la venta, se negocian, donde Miguel baja un poco el precio del vehículo y no pierde la venta total y Many gasta más dinero del que tenía previsto, pero se lleva el coche que necesitaba.

La argumentación de Many se centra en un discurso basado en la idea principal de que no tiene tanto dinero, y ese argumento le marca su posición en la negociación.

---

En cambio, la negociación se basa siempre en unos intereses contrapuestos, y para darse la relación entre las partes debe ejecutarse una acción que beneficie y perjudique parte de los intereses de ambas partes.

A continuación proponemos un ejemplo de argumentación:

### Etapas de la negociación

Todo lo relativo a la argumentación se aplica en la negociación de acuerdo a un proceso lógico y estructurado; si bien es cierto, la negociación ha de seguir un proceso lógico compuesto generalmente de las siguientes etapas:

- **Etapa 1.** Planificación: donde se realiza una búsqueda de información sobre el planteamiento de la negociación.
- **Etapa 2.** Definición de parámetros meta, es decir, donde se pretende llegar con la negociación.
- **Etapa 3.** Planteamiento de la estrategia de actuación en relación a las metas perseguidas y de acuerdo a las directrices establecidas en la planificación.
- **Etapa 4.** Exposición de argumentos, donde se da un intercambio activo de argumentos con la otra o las otras partes involucradas en la negociación.

■ **Etapa 5.** Finalización, donde se llega a un consenso o se desiste de la negociación, pero en ambas alternativas se finaliza la gestión de la negociación.

Estas fases deben llevarse de acuerdo a unos parámetros establecidos previamente de acuerdo a los intereses de partida y, aunque no siempre se realiza este proceso, es de gran ayuda para el éxito de la negociación.

## Técnicas de Comunicación en la negociación

Se ha de partir de la premisa de que "No existe una técnica única que garantice el éxito de la negociación", si bien es cierto, se han de seguir una serie de parámetros para desarrollar una correcta forma de comunicación eficiente.

La variabilidad que presentan los comportamientos de cada una de las partes implicadas en la negociación, hace necesario tomar como base los siguientes criterios de negociación:

■ Se ha de adaptar el argumento de la negociación para asegurar el entendimiento del receptor.
■ Pensar lo que se va a decir antes de decirlo.
■ Oportunidad: seleccionar el momento y lugar para la negociación para que la situación favorezca el desarrollo de la misma.
■ Cuidar las formas y el lenguaje en la exposición de los hechos.
■ Comprobar que el receptor o receptores está entendiendo el mensaje a través de interlocuciones que confirmen este hecho.
■ Escucha activa: hacer evidente que se está prestando atención y comprendiendo los argumentos de la otra parte.

Junto a estos, el empleo eficiente de otros medios o recursos en la comunicación, como exposiciones digitales, audiovisuales u otros documentos prueba, favorecen el éxito de la negociación porque dan consistencia a los argumentos.

 **Ejemplo**

Un viaje del IMSERSO consta de una exposición de productos para el hogar que facilitan la vida de las personas mayores. Samuel, el representante de los productos, se sirve de exposiciones de diapositivas y videos de uso de los productos. Con esto, las personas mayores pueden apreciar las ventajas de estos productos y alentar su consumo.

## 6. Resumen

Este capítulo hace una parada conceptual en los contenidos que van a complementar los procesos de negociación y comunicación en los entornos de consumo, de manera que el lector pueda entender y comprender los elementos que conforman el proceso de gestión de exigencia de cumplimiento de sus derechos.

Esta andadura ha desarrollado el abanico de posibilidades que conforma el proceso de resolución de conflictos entre las partes, de manera que, entendiendo unos intereses contrapuestos, se busque la solución más acertada en cuanto a la maximización de la satisfacción de las partes y cierre el conflicto.

De igual forma, identificar los elementos que forman parte de la comunicación, así como su importancia dentro de la misma facilita la eficiencia en la argumentación de posiciones, la construcción de mensajes y, a través del uso de las herramientas de comunicación, el envío de los mismos a las partes interesadas.

Dentro de los mensajes relativos a consumo, es necesario también saber diferenciar entre quejas, reclamaciones, consultas, denuncias, etc. que, aunque terminología semejante presentan grandes diferencias en cuanto a su tratamiento.

Tal y como se ha expuesto a lo largo de este capítulo, un buen conocimiento del campo, dará solidez a las ideas y consistencia a los argumentos.

Ejercicios de repaso y autoevaluación

1. **Complete los siguientes enunciados para que tengan sentido según los conocimientos aprendidos.**

   ▌ La imposibilidad de acceso al lenguaje corporal es uno de los inconvenientes de la _____.

   ▌ La posibilidad de que existan interferencias que distorsionen la comunicación se denomina _____.

   ▌ La _____ se manifiesta en el poder de un individuo o grupo de individuos para modificar comportamientos de sus cohabitantes.

2. **Señale si son verdaderas o falsas las siguientes afirmaciones.**

   a. El clima, en el contexto social y antropológico se refiere al ambiente sensorial que se crea entre los grupos de individuos.

   ☐ Verdadero
   ☐ Falso

   b. La situación se define como el contexto que contiene la acción, en ella se dan una serie de elementos físicos y humanos que determinan las características del entorno que afecta al hecho.

   ☐ Verdadero
   ☐ Falso

   c. Solamente la experiencia condiciona la percepción de una determinada situación.

   ☐ Verdadero
   ☐ Falso

3. ¿Quién es el destinatario de la información en la comunicación?

    a. Emisor
    b. Receptor
    c. Remitente
    d. Consumidor

4. ¿Cuáles son las condiciones de la Teoría de la argumentación?

    a. Propiedad y dirección.
    b. Propiedad y legitimidad.
    c. Legitimidad y dirección.
    d. Todas las opciones son incorrectas.

5. El lenguaje del mensaje se contempla dentro del...

    a. ... código.
    b. ... emisor.
    c. ... receptor.
    d. ... canal.

6. En las técnicas de comunicación...

    a. ... existe una técnica maestra para la resolución de conflictos.
    b. ... no afectan a la negociación y sí a la resolución.
    c. ... son estándares rígidos de procedimiento.
    d. ... se ha de adaptar el argumento de la negociación para asegurar el entendimiento del receptor.

7. Seleccione el momento y lugar para la negociación para que la situación favorezca el desarrollo de la misma, se refiere a:

    a. Idoneidad
    b. Legitimidad
    c. Oportunidad
    d. Todas las opciones son incorrectas.

8. Cada individuo interpreta una determinada sensación de manera subjetiva.

   a. Percepción
   b. Sensación
   c. Motivación
   d. Todas las opciones son incorrectas.

9. La relación que se establece solamente entre las partes A y B de un conflicto se denomina:

   a. Mediación
   b. Directa
   c. Arbitraje
   d. Indirecta

10. Indique semejanzas entre queja y consulta en materia de consumo.

   _____
   _____

11. Defina Consulta.

   _____
   _____
   _____
   _____

12. Indique lo que entiende por Denuncia.

   _____
   _____
   _____
   _____

13. Indique tres variables que intervienen en una determinada situación.

_____
_____
_____
_____
_____
_____
_____

14. Relacione cada término de la primera columna con otro la segunda, para que todos los enlaces tengan sentido.

a. Emisor
b. Técnicas
c. Lenguaje
d. Interferencia

__ Corporal
__ Comunicación
__ Ruido
__ Receptor

15. Complete la siguiente figura relacionada con los aspectos que influyen en el clima de la comunicación.

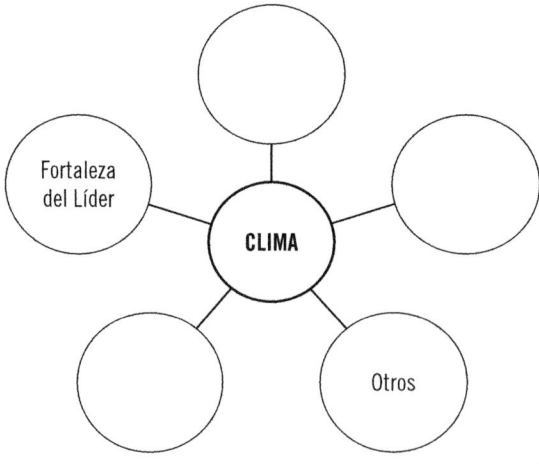

Capítulo 5

# Negociación y resolución ante una queja o reclamación de consumidores y usuarios

# Contenido

## 1. Introducción

A lo largo de este manual, se ha tratado con detalle el grupo de elementos asociados a la reclamación en materia de consumo para consumidores y usuarios.

De igual forma, y teniendo en cuenta que el primer paso para la resolución de una reclamación es la negociación con la empresa o entidad reclamada; se va a dedicar este capítulo al tratamiento pormenorizado de todos y cada uno de los elementos que afectan la negociación.

La necesidad de negociar surge de la divergencia de postura entre las partes, que ejerciendo libremente su derecho al consumo, ven confrontadas sus posturas en beneficio de la optimización de sus intereses.

La disparidad de casuísticas presentadas, da lugar a infinidad de situaciones que, de una u otra forma, deben ser solucionadas para la continuidad de la relación establecida, bajo un carácter de conciliación entre las partes involucradas.

## 2. Objetivos en la negociación de una reclamación (denuncia del consumidor)

Iniciando el tema de la negociación, se ha de centrar una atención prioritaria a la fuente que ocasiona la reclamación: el consumidor o usuario.

A la hora de comprar un producto o consumir un servicio, se crean en la mente del consumidor o usuario una serie de metas u objetivos relacionados con la compra:

- **Precio:** al considerar el mismo como condicionante de la compra bajo unas determinadas condiciones.
- **Calidad:** relacionada con la composición del producto o funcionabilidad del servicio.

- **Diseño:** referente al estilo que plasma el producto y que define su estatus en el mercado.
- **Eficiencia:** engloba los aspectos relativos al mantenimiento del bien o coste asociado al servicio.
- **Eficacia:** relacionado con las funciones principales para las que ha sido creado. Por ejemplo, una máquina de coser que permita trabajar en diferentes campos textiles.
- **Garantía:** asociada a la posibilidad de acceder a soluciones para posible problemas asociados a la compra o consumo.
- **Durabilidad:** relativo a la vida útil del bien adquirido y relacionado con el periodo de tiempo que va a poseer su plena capacidad de funcionamiento.
- **Ahorro:** asociado a la eficiencia, cuando un producto no solo es eficiente en su consumo, sino que además permite ahorrar dinero con su uso, por ejemplo, el envío de mensajes de móviles a través de Internet.
- **Otros:** donde se incluyen aspectos no contemplados en los anteriores y que el consumidor da importancia en su decisión de compra o consumo.

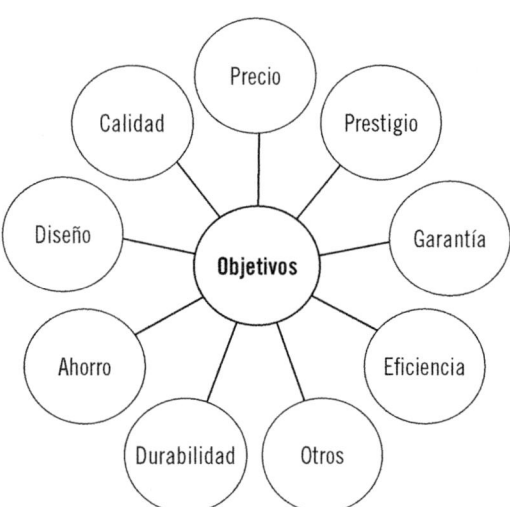

## Actividades

1. Distinga entre ahorro y eficiencia en los objetivos del consumidor y usuario.
2. ¿Considera el objetivo "diseño" común a todos los clientes? Razone su respuesta.

A partir de este momento, se entra en un escenario donde pueden tener lugar los conflictos entre los consumidores y usuarios y los empresarios o profesionales.

## Aplicación práctica

Armando Casitas ha comprado un generador eléctrico a través de combustible, para su cortijo de campo que le ha costado muy barato y consume muy poco combustible. Ha adquirido también cables y bombillas para montar una iluminación en su casa.

Pasados unos días, listo el cableado, se dispone a conectar el generador, cuál es su sorpresa, cuando descubre que todas las bombillas han explotado debido a la alta e incontrolada tensión emitida por el generador.

Sin pensarlo dos veces, se dirige a la empresa donde lo compró a reclamar su dinero y los gastos ocasionados.

Valore los objetivos de Armando en la compra y cómo ha sido su evaluación.

### SOLUCIÓN

Los objetivos más relevantes de la decisión han sido, en este caso en concreto:

■ Precio: al ser un producto barato.
■ Eficiencia: al considerar una producción eléctrica muy alta por unidad de consumo de combustible.
■ Durabilidad: al pretender con esta máquina mantener la equipación eléctrica del cortijo.

Continúa en página siguiente >>

<< Viene de página anterior

Estos objetivos han sido los que han ocasionado la compra, en cambio, el objetivo "eficiencia" no se ha cumplido, por lo que se genera un conflicto que ha de ser resuelto por la negociación.

De igual forma, el objetivo de la durabilidad tampoco se ha conseguido porque el aparato ha tenido una vida útil muy corta.

---

# 3. Técnicas utilizadas en la negociación de reclamaciones

A la hora de analizar la reclamación, resulta imposible establecer una técnica única y cierta para la negociación eficaz de una reclamación, puesto que la diversidad de aspectos que intervienen, así como la variabilidad en la ejecución de cada uno de ellos, hace imposible una estandarización del proceso.

## 3.1. Tipos de negociaciones

Si bien es cierto, de acuerdo a la forma en que se llevan a cabo, se pueden considerar diferentes tipos de negociaciones.

Normalmente, este tipo de negociación se conoce como la Negociación por posiciones donde cada una de las partes intervinientes toma una postura (posición) en relación a su exigencia en la reclamación. La resolución de este tipo de negociación consiste en que cada parte intenta convencer a la otra para que acepte su proposición.

Las partes, para llegar a un acuerdo exponen sus argumentos de forma que intentan hacer ver a la otra parte la razón en su postura, para lo que dialogan y discuten sobre ambas posturas.

Dentro de este tipo, y en función de la actitud que toma cada parte, tendremos dos subtipos:

- **Negociaciones Competitivas:** donde se establece una posición de las partes basada en su carácter duro y poco transigente, donde lo que importa es conseguir la meta que plantea su posición, perseverando en la misma hasta llegar al límite de la amenaza.
- **Negociaciones Colaborativas:** donde predomina una actitud más flexible y conciliadora. La actitud es amigable y con cierta confianza entre las partes. Se ceden aspectos de la posición en virtud de la consecución del acuerdo.

En función del plazo que se tarda en llegar al acuerdo en la negociación, se pueden distinguir:

- **Negociación a corto plazo:** cuando la negociación se desarrolla en un plazo determinado, cierto y cercano en el horizonte temporal.
- **Negociación a largo plazo:** cuando se establecen las posiciones sin considerar una fecha concreta en el tiempo para la resolución, este tipo tiene la desventaja de que el acuerdo puede diluirse en el tiempo.

Según la manera en la que se negocia y se consigue la formalización del acuerdo, se clasifican en:

- **Negociación escrita:** se trata de aquella negociación que se lleva a cabo íntegramente por escrito.
- **Negociación verbal:** es el tipo de negociación donde a través del diálogo directo entre las partes se llega a una solución satisfactoria para ambas partes.
- **Negociación mixta:** es la negociación donde interviene una parte escrita y otra verbal.

## Ejemplo

Carlos emite a través de la Web de Hermanos Checa, S. L. una reclamación porque una de las máquinas que compró no ha sido entregada en las condiciones pactadas. Como no hay acuerdo entre las partes se llega a un arbitraje, donde Manuel Checa ofrece verbalmente una solución al problema. Carlos acepta esa solución y la negociación queda expresa en el Laudo.

Este es un ejemplo de negociación mixta, ya que contiene una parte escrita (la carta a través de la web y la documentación de solicitud de la Junta arbitral) y otra parte verbal (la llevada a cabo en el arbitraje).

## Actividades

3. Una reclamación se resuelve por *e-mail*. ¿Cómo clasificaría esta negociación?
4. Ponga un ejemplo de negociación verbal.

En función de su complejidad, se distinguen dos tipos:

■ **Negociación simple:** donde se genera una negociación base a una sola variable, como por ejemplo la garantía.
■ **Negociación compleja:** donde se refleja una reclamación basada en varias variables.

Según el número de partes que intervienen en la negociación, se han de distinguir dos tipos principales:

■ **Negociación bilateral:** cuando se da una disonancia de intereses tendentes a concluir en una decisión común entre dos partes claramente diferenciadas.

- **Negociación multilateral:** cuando la negociación se establece entre más de dos partes. En este caso, la complejidad del acuerdo es más compleja, pues el acuerdo resultante de la negociación debe mediar un mayor número de intereses y posiciones.

Según la forma de intervención de las posiciones, se pueden establecer dos tipos de negociación:

- **Negociación directa:** cuando cada una de las partes establece su posición y su forma de proceder en el conflicto de intereses.
- **Negociación delegada:** cuando una de las partes establece poder a un representante para que defienda su posición ante el acto de negociación.

 **Sabía que...**

Más del 90 % de las decisiones complejas son llevadas a cabo de manera escrita como método de seguridad para dejar constancia de todos los factores que afectan a la misma y en favor de orden y la claridad del proceso de negociación.

## 3.2. Representación gráfica de la negociación por posiciones

Para una mayor comprensión de este tema, se va a utilizar la siguiente figura que representa la negociación por posiciones entre dos partes A y B.

**Representación gráfica de la negociación por posiciones**

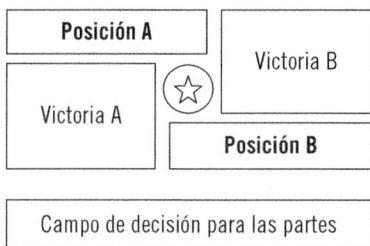

En la figura se aprecian los siguientes campos que definen su estructura de negociación:

- **Campo de decisión para las partes:** este espacio contempla el dominio de acciones posibles para ambas partes en vista a resolver el conflicto.
- **Posición A:** representa el abanico de posibilidades de solución que esta parte puede aceptar como forma de solución de su parte del conflicto.
- **Posición B:** contempla las distintas posibilidades que la parte B está dispuesta a aceptar para la resolución del problema origen de la negociación.
- **Campo Estrella:** es el campo que representa la solución o soluciones que satisfacen a ambas partes y eliminan el conflicto. Es la zona común entre las pretensiones de ambas partes.
- **Victoria A:** son las decisiones que suponen una mejora para la parte A y una pérdida para la parte B porque no consigue ningún elemento de su posición.
- **Victoria de B:** de forma inversa, esta zona no contempla ningún elemento de satisfacción para la parte B en las soluciones pretendidas en la negociación.

 **Actividades**

5. ¿Considera posible la Victoria de A en algún acuerdo situado en la zona estrella del campo de decisión para las partes?
6. ¿Es posible una sola solución en el campo estrella?

**Principales técnicas de negociación**

Partiendo de la base de que NO existe una forma universal y maestra de negociar, en este apartado, se van a enumerar las principales técnicas de negociación existentes a día de hoy, y cuyo conocimiento, sin lugar a duda va a mejorar el poder negociador del individuo que se enfrenta al conflicto de intereses y que ha de luchar por la defensa de su posición y el éxito de sus pretensiones.

Las principales técnicas de negociación son:

■ **Técnicas basadas en Modelos competitivos:** donde cada una de las partes establece su posición y la negociación se entiende como un juego de suma cero, es decir, lo que gana una parte, la pierde la otra. Cada una de las partes intenta conseguir sus objetivos a expensas de la/s otra/s.

Se caracterizan por establecer posiciones iniciales extremas e intransigentes, donde se hace una oferta de solución del conflicto carente de valor para la otra parte. Del mismo modo, en las posiciones de autoridad limitada, los negociadores carecen de autoridad a la modificar posiciones. Por ejemplo, José es comercial de una empresa informática de venta de *software* empresarial, y es llamado para hacer un cambio de *software* empresarial a un cliente. Su jefe, antes de ir a la reunión le dice que el precio es inamovible. A la hora de negociar con el cliente, a pesar de la insistencia de este, José no rebaja ni un euro de la oferta planteada porque no tiene autoridad para ello.

De este modelo competitivo, se derivan tres Técnicas de negociación estudiadas por Herb Cohen que establecen distintas posiciones en el campo que establece este modelo:

■ **Ganar a toda costa:** esta técnica establece la necesidad de una forma de negociación que no contempla la posibilidad de perder ninguna de sus pretensiones en favor de la consecución del acuerdo.

■ **Ganar-Perder:** de igual forma, Cohen establece una técnica de negociación también de enfoque competitivo en la que cada individuo que gana un reto en la negociación supone a la vez una pérdida para su oponente. Actualmente, este modelo, es también conocido como modelo distributivo.

■ **Perder-Perder:** la falta total de escrúpulos por cada una de las partes hace que los objetivos de la negociación queden tan distorsionados que el objetivo de cada parte, más que su propio beneficio, sea conseguir la pérdida para la/s otra/s partes. Así las partes pierden por el mero hecho de vencer en la negociación.

Por ejemplo, Carlos y David, van de vacaciones junto a sus madres, tienen planeado coger un taxi a su llegada a Edimburgo, para disfrutar de lo bonito de la ciudad de manera rápida y sin cansarse. En la parada se acercan dos taxistas a ofrecer sus servicios. Uno dice que les hará un recorrido turístico por 100 Libras, donde el coste en combustible es de 80, les parece bien, pero de pronto, la otra parte ofrece hacerlo por 80 Libras. El taxista inicial se enfada tanto porque quiere quitarle sus clientes, que se ofrece a hacerlo por 70 Libras, tal es el espectáculo que presencia Carlos y compañía, que finalmente deciden irse en bus por la ciudad.

En este tipo de negociación todas las partes pierden, los taxistas pierden el beneficio del servicio perdido y el grupo de turistas pierde la comodidad de un taxi y decide irse en bus, que ni es más barato, ni más rápido, pero sí es más incómodo.

- **Técnicas basadas en Modelos cooperativos:** estos modelos también son conocidos como "ganar-ganar" o "para la satisfacción mutua" donde las partes tienden a una negociación basada en la obtención de ventajas para ambas partes. Para que se lleve a cabo esta negociación, las partes han de sentir que han ganado algo cada uno sobre su oponente. De ahí el término "ganar–ganar" o Modelo integrativo.

  Lo importante del éxito en esta técnica de negociación es conseguir que cada una de las partes crea que ha ganado algo, que si no llegar a ser por la negociación no lo hubiera conseguido, supone una satisfacción para ambas partes.

  Por ejemplo, Alberto quiere cambiar su descapotable porque le da muchos problemas, ya que tiene muchos años. Va al concesionario donde ve un bonito y elegante coche que le gusta, pero con un precio un poco elevado. El comercial, para convencer a Alberto, le rebaja 1.000 € de su precio base y a la vez le oferta dejar su descapotable en la exposición y vendérselo en sus instalaciones. Así lo hacen. Alberto consigue un nuevo coche, una rebaja de 1.000 € y la exposición de su viejo coche para la venta. El comercial, consigue una venta más para sus objetivos mensuales, y la comisión de venta que supone ese vehículo.

  Este anterior, es un claro ejemplo de técnica de negociación "ganar-ganar", puesto que ambas partes consiguen un beneficio de la negociación, ambas partes ganan, aunque para ello, deban ceder posiciones en su postura inicial, como es el caso de la bajada de precio del coche establecida por el comercial.

# 4. Caracterización de proceso de negociación

A la hora de enfrentar posturas para la diferencia de intereses en una reclamación, es muy importante conocer el abanico de elementos que afectan a esta relación, así como las características que lleva asociadas.

## 4.1. Tipos de clientes/consumidores/usuarios

A la hora de afrontar el proceso de reclamación, debemos ser conscientes de que todos los clientes y usuarios no responden a las mismas pautas de comportamiento.

Según la relación de los clientes con la empresa, se pueden distinguir tres tipos claramente diferenciados:

- **Clientes efectivos:** son aquellos clientes que han realizado compras en la empresa.
- **Clientes potenciales:** son aquellos clientes sobre los que han recaído acciones comerciales, pero que aún no han materializado compra alguna en la empresa.
- **Referencias:** son aquellos clientes potenciales sobre los que se posee información comercial respecto a sus preferencias y se conoce que estas pueden ser satisfechas por productos o servicios de la empresa.

Según el estado actual de los clientes en la base de datos de la empresa, se diferencian dos tipos:

- **Clientes activos:** son aquellos que realizan compras de manera regular o manifiestan interés a través de petición de ofertas o presupuestos.
- **Clientes inactivos:** son aquellos sobre los que no se conoce actividad en un horizonte temporal a medio plazo en dirección al pasado.

## Sabía que...

Las bases de datos empresariales que poseen gran número de clientes inactivos carecen de valor. Esto es debido a que las empresas deben sanear regularmente su información comercial, puesto que los clientes suelen cambiar sus datos (dirección, teléfono, *e-mail,* etc.) o su estado (sociedades liquidadas, cambios de nombres comerciales, etc.).

Según el volumen de compras, se diferencian dos tipos de clientes generalmente aceptados:

- **Clientes de evolución cotidiana:** son aquellos clientes cuyo volumen de compras se encuentra dentro de unos parámetros de normalidad establecidos por la empresa.
- **Grandes cuentas:** son aquellos clientes que, debido al alto volumen de facturación que generan a la empresa, son segmentados para el ofrecimiento de condiciones especiales debido a tal circunstancia.

Es muy importante tener en cuenta que cada empresa, debido a su actividad, clasifica a los clientes de grandes cuentas en función a criterios propios, puesto que no existe un criterio de diferenciación para varias empresas.

## Aplicación práctica

Lázaro y Remedios han sido autónomos toda su vida, Lázaro vende maquinaria industrial y Remedios tiene un taller de motos. Hablando entre ellos Lázaro le comenta que él tiene 120 grandes clientes, es decir, aquellos que compran más de 80.000 € al año, porque cada máquina vale 40.000 €, es decir, aquellos que compran dos o más máquinas al año.

Remedios asombrada, le comenta que ella no tiene ninguno, porque sus cifras no se acercan ni de lejos a la mencionada por Lázaro, y aunque sus clientes acuden 10 y 12 veces al año, no alcanzan estos niveles de facturación.

Continúa en página siguiente >>

<< Viene de página anterior

**¿Es correcta la afirmación de Remedios? ¿Por qué?**

**SOLUCIÓN**

La postura de Remedios no es correcta, ya que en su negocio no existe ese volumen de clientes porque el producto que posee genera una facturación muy inferior.

Remedios podría segmentar sus clientes en grandes clientes, para aquellos que acuden a su establecimiento y facturan más de 1.000 €, por ejemplo.

---

Según la frecuencia de compra en las instalaciones de la empresa, se contemplan los siguientes tipos:

- **Clientes puntuales:** los que han comprado alguna vez en la empresa.
- **Clientes habituales:** son aquellos que realizan varias compras en el ejercicio económico.
- **Clientes regulares:** siempre compran en un momento de tiempo, que se repite en la misma temporada y en las mismas proporciones.

 Ejemplo

---

Belén tiene un semillero, Pablo acude todos los meses a comprar el abono para su invernadero (cliente habitual), Inma tiene una floristería, y todas los otoños acude a comprar las semillas de pascueros para su crecimiento y venta navideña (cliente regular). El marido de Inma, Patricio, vino el pasado año a comprar una azada para su jardín (cliente puntual).

Según el resultado de la venta, la empresa puede clasificar a sus clientes en diversos tipos, los más importantes son:

- **Clientes satisfechos:** aquellos cuyos objetivos alcanzados con la compra coinciden con los perseguidos con la misma.
- **Clientes insatisfechos:** son aquellos en los que sus objetivos no son cubiertos total o parcialmente con la compra. Pueden ser de dos tipos:

  - **Clientes de insatisfacción expresa:** son ellos los que manifiestan a la empresa su descontento y la empresa puede realizar acciones para evitar esta insatisfacción.
  - **Clientes de insatisfacción no expresa:** son aquellos clientes que, aun no estando satisfechos con la compra, no hacen manifestación alguna de su descontento, la empresa no conoce este estado y no puede realizar acciones de enmienda, son clientes generalmente perdidos.

- **Clientes indiferentes:** son aquellos clientes que, aun no habiendo cubierto sus expectativas con la compra, no consideran una insatisfacción el ejercicio de la misma, simplemente se resignan.

 **Actividades**

7. Un cliente que compra todos los años un bañador en la misma tienda, ¿qué tipo de cliente se considera para esa tienda?
8. ¿Es posible trabajar en la insatisfacción no expresa de clientes?
9. ¿Puede tener una frutería clientes catalogados como "grandes cuentas"?

## 4.2. Factores influyentes

En el camino del estudio de la mejor manera de resolver un conflicto planteado entre empresa y cliente, se hace necesario conocer el abanico de factores que afectan a la relación que ha distorsionado la satisfacción para ambas partes y cuyo acuerdo requiere de una negociación.

Entre los factores más importantes que afectan a la negociación destacan:

- **Personalidad de los clientes y usuarios:** el talante y predisposición de los afectados va a condicionar el desarrollo de la negociación, la exposición de argumentos y la comprensión de los motivos de la parte contraria.
- **Gravedad del asunto a resolver:** los daños causados o potenciales para alguna de las partes van a condicionar la forma en que la negociación se va a llevar a cabo, ya que cuanto más somero es el asunto, menos requerimientos plantea el hecho objeto de debate y acuerdo potencial.
- **Momento en el que se desarrolla en relación al hecho que la causa:** la negociación va a presentar un carácter más tenso cuando más inminentes son las consecuencias que conlleva el hecho del conflicto.
- **Urgencia de la solución:** otro de los factores que va a condicionar el desarrollo de la negociación es el espacio temporal que se dispone para obtener una solución. A menor tiempo para llegar a un acuerdo, mayor es la tensión que envuelve el proceso de negociación.

 Ejemplo

María compra un bote de mermelada en el supermercado, al meterlo en el coche se da cuenta que no lleva el precinto, que está abierto, rápido acude a Atención al cliente, donde le plantean la duda sobre si lo ha abierto ella o efectivamente lo ha comprado abierto. María solicita que si en este instante no se lo cambian pone una reclamación al establecimiento. Finalmente, se opta por abonarle el dinero.

## Aplicación práctica

Antonio es un importante constructor de casas de lujo. Isabel, una abogada polifacética, le encomienda le reconstrucción de la casa de su abuela en tres plantas con una escalera que comunique ambas partes.

Cuando Isabel pasa a ver las obras, se da cuenta que la escalera va en la parte trasera y ella la quiere en la parte delantera. Antonio le comenta que eso le costará 3.000 € más, puesto que en el acuerdo inicial no se había concretado ese punto, y ya ha comenzado la obra, en el momento actual, un cambio en la estructura de la casa le supone un coste mayor que debe soportar la propietaria. Ella se niega porque no se lo ha consultado.

¿Cómo influye el momento en el que se plantea la negociación en relación a la construcción de la escalera?

### SOLUCIÓN

En este caso, queda clara evidencia de la influencia del momento en el que se plantea la discusión, ya que si se hubiera clarificado este hecho en el momento inicial del proyecto, el coste hubiera sido el mismo, puesto que se trata de construir una escalera.

En el momento actual la negociación cobra un sentido especial porque el constructor ha de derribar una escalera iniciada, con los costes asociados de construcción y derribo, así como los asociados a la construcción completa de la nueva escalera.

## Actividades

10. Reflexione qué tipo de personalidad es más conveniente en una negociación.
11. El carácter de urgencia, ¿afecta a la negociación? ¿Por qué?

## 4.3. Departamento gestor

Por regla general, es el Departamento de calidad/atención al cliente el encargado de la recepción las reclamaciones emitidas por los clientes, como ya se indicó en capítulos anteriores.

Sin embargo, en la gestión de la reclamación se incluyen todos aquellos departamentos que han sido afectados por el hecho conflictivo.

### El Departamento de Calidad/atención al cliente

Son cada vez más las empresas y entidades que cuentan con este departamento, encargado de la mejora continua basada en la satisfacción del cliente y la ampliación de la cuota de mercado o cobertura de actividad.

El Departamento de Calidad/atención al cliente es el encargado de conocer el funcionamiento de todos los departamentos y establecer una serie de procedimientos de trabajo de los mismos y coordinación entre ellos, en beneficio de los objetivos marcados por los Sistemas de Calidad.

 Sabía que...

Un Sistema de Calidad es un abanico normativo al que voluntariamente se acogen las empresas, con el objeto de garantizar la eficiencia y eficacia de sus procesos en vistas a la mejora continua de su actividad, manifestada en una maximización de la satisfacción del cliente y una ampliación de su cuota de mercado.

### Compromiso de la Dirección empresarial

Como emblema del esquema organizativo, el equipo directivo de la empresa debe implicarse en la gestión de reclamaciones y en el establecimiento de procesos de negociación para su resolución.

Tal hecho, queda marcado en las políticas de calidad establecidos por los sistemas internacionales ISO 9000 relacionados con el mantenimiento de la satisfacción del cliente, el aumento de la cuota de mercado y la mejora continua empresarial.

 Sabía que...

En empresas con estructuras laborales grandes, para suplir el efecto de la supervisión de reclamaciones de clientes por la alta dirección, existen una serie de procesos que vienen a normalizar los procedimientos de gestión de reclamaciones de clientes y usuarios; y es en estos procesos donde queda establecida la participación de la alta dirección.

**Representación gráfica de la estructura de participación**

Viendo la siguiente figura, se puede comprobar que los departamentos que intervienen en la gestión de la negociación en el seno de la empresa vienen definidos por su estructura.

Generalmente, en pequeñas y medianas empresas, las distintas funciones departamentales expresas en la figura se suelen compatibilizar o complementar en menos divisiones departamentales.

Proceso de comunicación de la negociación en el seno empresarial

Si bien es cierto, la negociación de una reclamación en el seno organizacional, debe implicar a los encargados de comunicarse con el cliente, a los responsables de la actividad afectada por la reclamación y a los encargados de la dirección y mejora continua de la empresa.

## Aplicación práctica

**Emilio va a comprar un billete de autobús para ir a desayunar con sus amigos Cristina y Alberto, que viven con su madre Paula y su hija Cristina en el pueblo de al lado.**

**Al comprar el billete, pregunta al vendedor que línea de bus debe coger, a lo que este responde que aparece en el billete de unas formas no muy agradables.**

**Emilio ve que en el billete aparece la seña "Granada-Almería (Ruta)" pese a ser la hora de salida, no ve ningún autobús con esta indicación.**

**Un cuarto de hora después, vuelve a preguntar al encargado de la venta de billetes y le dice que el autobús se fue a su hora y que ponía "Málaga-Almería".**

**Emilio pide la hoja de reclamaciones porque la información de los autobuses no coincidía con la suministrada por el billete, y ha perdido el autobús.**

**¿Es procedente la reclamación?**

Continúa en página siguiente >>

<< Viene de página anterior

## SOLUCIÓN

La reclamación es totalmente procedente por la falta de corrección en el servicio ofrecido, puesto que los datos del billete no se corresponden con los de los autobuses.

Aunque la reclamación se recibe por el departamento de Atención al cliente, este es el encargado de pasarla a los departamentos responsables que han causado la misma, es decir, el departamento encargado de mecanización de rutas y los encargados de las indicaciones de los autobuses.

 **Actividades**

12. Elija un negocio y defina las acciones de cada departamento a la hora de negociar una reclamación de un cliente.
13. ¿Es innecesario el Departamento de Calidad? Razone su respuesta.

## 4.4. Trámites y documentación

Una negociación, entendida como un estudio complejo de búsqueda de soluciones para la satisfacción del cliente ocasionando el menor perjuicio para la empresa, ha de asentarse en una serie de trámites y estos trámites quedar sustentados de forma sólida en unos documentos.

### Trámites

No existe una normativa escrita relativa a la realización de trámites en vistas a la negociación de una reclamación de consumo.

Tomando un criterio generalmente aplicable a la mayoría de las empresas, se exponen a continuación los siguientes trámites:

1. **Comunicación de la disconformidad:** donde el consumidor o usuario, pone en conocimiento de la empresa, su descontento con el resultado de la relación establecida.
2. **Búsqueda de información y pruebas por ambas partes:** donde de manera interna, cada parte se documenta respecto al hecho que ha generado el conflicto.
3. **Respuesta de la empresa reclamada:** donde la empresa expone su postura en relación con el hecho.
4. **Emisión de documentos prueba:** donde la empresa o el consumidor, en cualquiera de sus comunicaciones exponen los hechos probados a los que se refiere su conflicto.
5. **Reunión para la negociación:** pudiendo ser a tiempo real y cara a cara o de manera asincrónica y escrita.
6. **Emisión del acuerdo de resultado:** donde quede plasmado el resultado de las posturas.
7. **Cumplimiento de la parte del acuerdo:** de nada serviría la negociación, si cada una de las partes no cumpliera su compromiso al respecto.

 Actividades

14. ¿Por qué son importantes los trámites relacionados con la emisión del acuerdo?
15. ¿Qué ocurre si una de las partes no cumple su parte del acuerdo?

**Documentación**

Este proceso de gestión, ocasiona una serie de documentos que respaldan la estructura de la negociación y dan prueba y solidez al proceso, los más destacados son:

a. **Escritos de posición:** donde cada una de las partes manifiesta su disconformidad o posición frente al conflicto.

b. **Documentos prueba:** son aquellos documentos que dan respaldo al proceso, de manera que justifican la información vertida por la posición que los posee.

c. **Documentos resultantes:** son aquellos que dan fe de la negociación a la que se ha llegado a través del proceso.

 Aplicación práctica

Beatriz, fisioterapeuta y dueña de su clínica, recibe un documento en su web referente al desacuerdo de un cliente respecto a un servicio de masaje prestado por ella. La empresaria le contesta exponiéndole los motivos que justifican su actuación y para ello envía un *dossier* médico donde indica el tratamiento completo.

Aun así, y por las molestias causadas, ofrece al cliente un descuento del 30 % en la siguiente sesión, a lo que el cliente accede y se soluciona el conflicto.

Indique los tipos de documentos que aparecen en el caso expuesto.

SOLUCIÓN

En esta aplicación práctica se pueden apreciar los tres tipos de documentos estudiados en el apartado anterior:

▌ Escritos de posición: relativos al escrito del cliente a través de la Web y la respuesta de Beatriz a través del *e-mail*.
▌ Documentos prueba: el dossier médico que justifica la posición de Beatriz.
▌ Documentos resultantes: el escrito que manifiesta el acuerdo del cliente y el descuento ofrecido por la empresaria.

# 5. Planes de negociación

Como todo proceso, el riesgo es un enemigo contra el que se ha de luchar a través de la planificación y organización de tareas para llevar a cabo una negociación exitosa.

Para tal planificación, se van a seguir una serie de fases o etapas que van a marcar cada uno de los pasos del Plan de negociación.

## 5.1. Preparación

Como toda confrontación prevista, el éxito exige un entrenamiento de cada una de las partes. De ahí nace la primera fase del plan de negociación: la preparación.

Toda planificación, correctamente realizada, da solidez a la consecución del éxito de la negociación.

En esta fase inicial del proceso, la pauta prioritaria de actuación, es la recogida de información para su posterior orden y tratamiento, de manera que se convierta en un elemento esencial para la planificación encomendada.

Esta fase requiere las siguientes consideraciones:

- **Objetivos de la negociación:** las metas donde se pretende llegar tanto en niveles generales como intermedios.
- **Elección de la posición:** se trata de definir claramente las líneas de oferta a la otra parte, es decir, el abanico donde se va a mover el argumento para no obtener pérdidas en la negociación.
- **Establecimiento de los límites inferior y superior donde se puede llegar en la negociación:** relacionado con el anterior, este aspecto hace hincapié en la delimitación de los umbrales que no se pueden sobrepasar por la posición ante la negociación.
- **Estudio de las alternativas de actuación:** fruto de estos límites, se han de estudiar claramente las actuaciones viables, y ver qué parámetros dan solidez a los argumentos que sustentan la posición.
- **Definición de la estrategia:** donde se plasma el comportamiento de defensa de la posición establecida, el talante empleado y los objetivos intermedios perseguidos.

La fase de preparación no asegura el éxito de la negociación, pero cuanto más elaborada esté, mayores serán las posibilidades de éxito en la negociación.

## Actividades

16. Si usted tuviera que ofertar a una lavandería un detergente nuevo, muy bueno, pero ligeramente más caro que el que usan. ¿Cómo prepararía la negociación?
17. ¿Considera importante el establecimiento de la estrategia de negociación? ¿Por qué?

## 5.2. Desarrollo

Llegado el momento de la reunión o la exposición de las posturas para la consecución del acuerdo es muy importante seguir los siguientes pasos:

1. Exposición de la posición según la preparación realizada, cuidando las formas, el lenguaje (tanto verbal como corporal) y dando solidez a la argumentación en base a la seguridad en la exposición. En el caso de exposición escrita, el lenguaje corporal se sustituye por la estructura del escrito, cuya disposición puede sumar o restar credibilidad a la posición.

2. Escucha activa de la posición contraria: donde se han de cuidar los detalles expuestos por la parte contraria, en caso de ser verbal, se han de tomar notas de los puntos más relevantes para su posterior debate, así como de aquellos aspectos no contemplados en la exposición.

3. Nacimiento del debate: es la parte más importante del desarrollo, en ella se han de plasmar los distintos elementos que dan lugar a controversia y se ha de exigir a la otra parte su resolución.

La duración del desarrollo será acorde con el tiempo necesario para encontrar el acuerdo entre ambas posiciones. Pero, puede darse el caso que el acuerdo no se consiga, por lo que puede posponerse la reunión a próximas citaciones en base a la búsqueda de nuevo material que sirva de prueba para acercar posturas y llegar a la resolución final.

## 5.3. Resolución

Esta fase pone punto final al desarrollo y viene a reflejar la finalización del acuerdo entre las partes enfrentadas.

Cuando se habla de resolución, no necesariamente se ha de entender que ha habido una satisfacción de ambas partes, simplemente que el conflicto ha dejado de estar latente.

Lo que es evidente, es que la resolución cierra el conflicto que ha originado la negociación, así se pueden considerar varios tipos de cierres:

- **Cierre por concesión:** son aquellos cierres en los que se consigue el acuerdo cuando una de las partes cede una parte de su posición y la otra accede al acuerdo.
- **Cierre disyuntivo:** este tipo se da cuando una de las partes expone dos opciones a la otra para que esta elija una de ellas y esta accede a la que más le conviene.
- **Cierre forzoso:** este tipo de resolución se presenta cuando una parte solo da una alternativa a la otra y la otra acepta por no tener otra elección posible. Queda candente una posición dominante sobre la otra.

Así mismo, las resoluciones pueden ser de distintos tipos:

- **Equilibradas:** donde cada parte encuentra un porcentaje similar de éxito y fracaso en su postura.
- **Injustas:** donde una parte impone su posición sobre la parte contraria de forma total o parcial.
- **Abandonadas:** donde ambas partes o una de ellas, desiste de su posición, renuncia al acuerdo y da lugar a la desaparición del conflicto.

 **Actividades**

18. ¿Qué diferencia hay entre desistir del acuerdo en la negociación y posponerlo?
19. Si ambas partes consiguen el 50 % de su postura, ¿qué tipo de resolución se ha alcanzado?

# 6. Resumen

Llegar a un acuerdo entre ambas partes no es tarea sencilla, requiere de un constante esfuerzo por conseguir un punto intermedio de acuerdo que equilibre la satisfacción de ambas partes.

La negociación nace con el objetivo de conciliar los conflictos mediante la confrontación de posiciones, el diálogo basado en la argumentación estructurada y fidedigna de cada una de las partes implicadas en el conflicto.

De igual forma, la negociación, en materia de consumo, requiere que el consumidor que ve vulnerados sus derechos, se acerque a la empresa en busca de una solución. Solución que no será conseguida si no se da una negociación razonada y realista.

Por su parte, la empresa o entidad reclamada, ha de implicar en la negociación a todos y cada uno de los departamentos que puedan contribuir a un mejor esclarecimiento de los hechos y dar así solidez a su postura.

Porque no existen los conflictos sin solución, existen las negociaciones no realizadas, puesto que todo conflicto es potencialmente solucionable desde el punto del equilibrio de intereses justos y la supresión de abusos por las partes.

Ejercicios de repaso y autoevaluación

1. **Complete los huecos.**

   ▌ El Nacimiento del debate es la parte más importante de la fase de
   _____ del proceso de negociación.

   ▌ La _____ plasma el comportamiento de defensa de
   la posición establecida, el talante empleado y los objetivos intermedios
   perseguidos.

   ▌ Los objetivos de la negociación se encuadran en la fase de _____
   del proceso de negociación.

2. **Indique si son verdaderas o falsas cada una de las siguientes cuestiones.**

   a. El Departamento de Calidad es el encargado de conocer el funcionamiento
   de todos los departamentos y establecer una serie de procedimientos de
   trabajo de los mismos.

   ☐ Verdadero
   ☐ Falso

   b. Los clientes activos son aquellos sobre los que no se conoce actividad en
   un horizonte temporal a medio plazo en dirección al pasado.

   ☐ Verdadero
   ☐ Falso

   c. La Durabilidad es un objetivo del cliente relativo a la vida útil del bien
   adquirido y relacionado con el periodo de tiempo que va a poseer su plena
   capacidad de funcionamiento.

   ☐ Verdadero
   ☐ Falso

3. **Los clientes que alcanzan grandes volúmenes de facturación son:**

   a. Grandes Cuentas.
   b. Clientes habituales.

c. Clientes activos.

d. Clientes potenciales.

**4. Los clientes sobre los que se tiene información comercial pero no han comprado en la empresa se consideran...**

a. ... clientes inactivos.

b. ... clientes potenciales.

c. ... clientes irreales.

d. ... clientes base.

**5. El ahorro es un objetivo de clientes asociado a...**

a. ... la eficacia.

b. ... la rentabilidad.

c. ... la casualidad.

d. ... la eficiencia.

**6. Las negociaciones donde predomina una actitud más flexible y conciliadora, son las conocidas como...**

a. ... negociaciones flexibles.

b. ... negociaciones colaborativas.

c. ... negociaciones competitivas.

d. Todas las opciones son incorrectas.

**7. La negociación que se basa en varias variables, se considera...**

a. ... negociación simple.

b. ... negociación de mercado.

c. ... negociación compleja.

d. Todas las opciones son correctas.

8. Defina Negociaciones Competitivas.

_____
_____
_____
_____

9. Indique los tipos de clientes según la relación de los clientes con la empresa.

_____
_____
_____
_____
_____
_____
_____

10. Indique los subtipos de clientes insatisfechos.

_____
_____
_____
_____

11. Indique los tres tipos de resoluciones en la negociación.

_____
_____
_____
_____

12. ¿Qué es el cierre forzoso?

_____
_____
_____
_____

13. elacione un elemento de cada columna para que las cuatro relaciones tengan sentido.

    a. Negociación
    b. Cliente
    c. Resolución
    d. Cierre

    __ Regular
    __ Disyuntivo
    __ Colaborativa
    __ Equilibrada

14. **Complete la siguiente figura.**

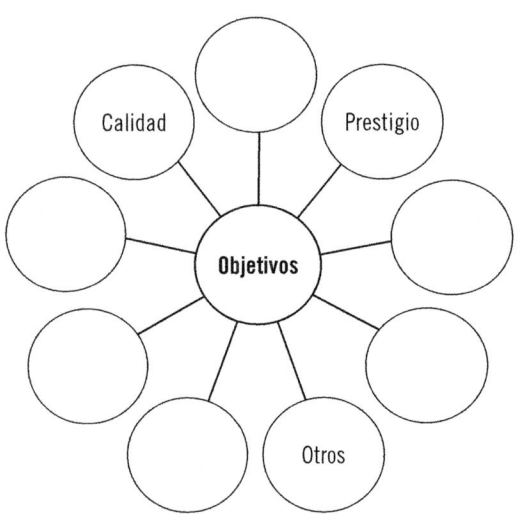

**15. Indique los 7 errores de la figura.**

Capítulo 6
# Control de la calidad del servicio de quejas y reclamaciones

# Contenido

# 1. Introducción

Enfrentar una temática como la calidad supone establecer una premisa a la hora de trabajar con ella: la calidad no solo se refleja en los componentes del producto, la calidad va más allá, la calidad afecta todo el proceso empresarial y social.

Este capítulo se centra en el estudio de la calidad en su vertiente más amplia, ya que los consumidores y usuarios van a percibir de empresas y entidades un sobresaliente número de aspectos que delatan cuál es el grado de calidad alcanzado por la empresa: compran productos, consumen servicios, reciben atención, acceden a información, servicios adicionales, servicio posventa, etc.

El estudio del comportamiento del consumidor justifica la necesidad de conocer los elementos que van a afectar a su grado de satisfacción, de tal circunstancia se va a ocupar la calidad, una materia tan variada y amplia como compleja, cuyo conocimiento quedará clarificado en este entramado conceptual.

La calidad será tratada desde el concepto de calidad total, es decir, todo lo que afecta al funcionamiento organización, desde enfoque de la dirección, implantación en productos, servicios y procesos hasta la percepción que de ella experimenta el consumidor.

# 2. Tratamiento de las anomalías

Aunque la actividad de los Departamentos de Calidad y atención al cliente, no solo gira en torno al estudio y tratamiento de reclamaciones, estas, debido a su evidencia y relevancia, cobran un papel fundamental y una gran importancia.

De igual forma, el Departamento de Calidad y atención al cliente introduce en sus actividades un amplio abanico de campos, donde desarrolla una actividad de investigación para el desarrollo empresarial a través de la mejora continua.

## 2.1. Conceptos previos

Antes de entrar de lleno en un estudio pormenorizado de los factores que ocupan la atención de la calidad en materia de comportamiento del consumidor, se va a hacer una breve parada en el estudio de conceptos previos que mejoren su comprensión.

### Calidad

En sentido amplio, se entiende calidad como el estado y rasgos de un producto, servicio o proceso que lo hace digno de una solidez, confianza y seguridad en su consumo por parte del consumidor o usuario.

### Calidad Total

Es el concepto que pretende aplicar la calidad a todos y cada uno de los campos que afectan a la actividad de una entidad, desde los procesos más pequeños hasta las políticas de funcionamiento más genéricas y complejas.

 Sabía que...

En la preocupación internacional por la calidad empresarial, se ha creado un entramado normativo de la Organización Internacional de Normalización (ISO) que organiza la temática como herramienta de ayuda a las empresas.

### Finalidades de la Calidad

Al ser una materia compleja, abarca multitud de funciones dependiendo del lugar en que se aplique, pero sin duda, en términos generales, la calidad se enfoca en tres vertientes fundamentales:

- Satisfacción del cliente: de afectación directa a la materia de estudio de este manual, ya que cuanto mayor sea la satisfacción del cliente, menores serán los conflictos surgidos entre el mismo y la entidad.
- Aumento de la cuota de mercado: fruto de lo anterior, los clientes satisfechos van a repetir sus compras y van a traer nuevos clientes debido al boca a boca y la publicidad positiva obtenida.
- Mejora continua: la calidad no entiende solo hacer bien las cosas, la calidad pretende hacer siempre mejor las cosas, aunque se estén haciendo bien, siempre hay una forma de hacerlas mejor.

Todos estos aspectos unidos, reportarán a la empresa ventajas competitivas que serán de gran utilidad a la hora de desarrollarse y crecer en el mercado.

**Factores que afectan a la calidad**

La calidad se manifiesta, mide y evalúa a través de una serie de indicadores que quedan resumidos en tres grupos:

- Indicadores técnicos: donde se agrupan tanto factores científicos y tecnológicos como de composición de productos y materiales.
- Indicadores humanos: relacionados con la actuación del personal de la entidad, tanto a nivel externo (cliente) como interno (relación con los compañeros).
- Indicadores económicos: relacionados con la composición financiera (ingresos-costes) que afectan a la fabricación del producto o prestación de servicio.

Estos indicadores serán desglosados, definidos, medidos y valorados para su estudio y posterior evaluación de la calidad.

## Actividades

1. Diferencie entre indicadores técnicos y humanos.
2. ¿Es el coste del producto un indicador de calidad? Razone su respuesta.

### Incidencia

Se conoce como incidencia el hecho irregular que supone una paralización temporal del proceso de consumo y cuyas consecuencias no revisten gravedad debido a su escasa repercusión en la marcha de la empresa.

### Anomalía

Se conoce como anomalía, aquella actividad irregular o proceso erróneo que, estando descrito en la planificación empresarial, no responde a los parámetros ordinarios de ejecución esperada.

### Indicencia vs Anomalia

La diferencia entre ambos conceptos radica en la planificación que de ellos se haya establecido en la elaboración de la estrategia empresarial: mientras la anomalía es un procedimiento o actividad irregular o prevista, la incidencia es un hecho inesperado que reviste escasa gravedad, pero supone la paralización de una actividad de consumo.

## Ejemplo

María va a comprar una hucha para guardar sus ahorros, cuando va a efectuar el pago de la misma se da cuenta de que el cerdito de cerámica que ha comprado le falta una pata. Solicita el cambio a la vendedora y esta accede gustosa.

De acuerdo a la situación mostrada en el ejemplo anterior, esto es una anomalía porque se entiende que las huchas se encuentran en perfectas condiciones, la irregularidad que presenta la adquirida por María, hace que el acto de consumo no se lleve a cabo para ese proceso.

 **Ejemplo**

Marta acude a comprar una hucha porque en las próximas vacaciones quiere comprarse un mp5 nuevo con sus ahorros. Cuando llega a la tienda compra la que más le gusta y al llegar a casa descubre que no le queda bonita en su habitación y decide cambiarla. El dependiente le dice que no puede cambiarla porque no hay más unidades de ese modelo en otros colores. Marta se enfada pero decide esperar cuando se le informa que al día siguiente por la tarde llegarán más unidades.

Este hecho representa una incidencia, puesto que el proceso de consumo se ha completado según lo planeado, pero ha sobrevenido un problema no esperado al exponer Marta su voluntad de cambiarla por una de otro color.

## 2.2. Principales incidencias/anomalías

Aunque con significados diferentes, como se ha visto en el apartado anterior, su tratamiento a través del Departamento o Área de Calidad de la empresa reviste el mismo esquema de trabajo, al considerarse ambas por su elemento común: el no desarrollo normal del proceso de consumo.

A modo de ejemplo, aunque la actividad de la organización va a condicionar el tipo y grado de anomalías o incidencias, entre las principales destacan las siguientes:

- No existen unidades de producto en el almacén.
- El producto presenta ligeros desperfectos.
- No existe fluidez en la atención al cliente.

- El producto presenta aspectos confusos en su descripción.
- No responde a las funciones que se han descrito en el momento de la compra.
- El servicio posventa no resuelve los problemas.
- Existe falta de preparación del personal para resolver una duda o problema.
- No es posible acceder a los servicios adicionales comprometidos en la compra.
- Productos defectuosos.

 **Aplicación práctica**

**Maite ha abierto una librería en Vigo y para ello se ha asociado con Paz, su amiga de toda la vida. Inician su actividad sin grandes problemas, solamente un cliente vino a devolver un libro porque le faltaban dos páginas, y otro cliente que quería la Trilogía del Señor de los Anillos y no tenían todos los ejemplares disponibles, no pudieron venderlo hasta tres días después que llegó el ejemplar que faltaba de la trilogía.**

**Distinga entre anomalía e incidencia y justifique su respuesta.**

**SOLUCIÓN**

Anomalía es la acción referente a devolver el libro, pues posee un defecto, este procedimiento no está planificado en el desarrollo normal de la venta, pues de conocerse este hecho, el libro no hubiera estado expuesto a la venta. Supone un inconveniente para el cliente que ha de volver a cambiarlo, pero accediendo al cambio, no supone graves repercusiones para la entidad de Maite y Paz.

Incidencia está representada en este caso por la petición de un producto para el cual no hay existencias, supone la paralización temporal del proceso, puesto que el cliente no puede cerrar la compra en el momento previsto. No supone problema de gran importancia, puesto que la compra se cierra una vez resuelta la incidencia.

## Actividades

3. Señale la principal diferencia entre incidencia y anomalía.
4. Ponga un ejemplo de cada una de ellas para el caso de una carnicería.

Sin embargo, el concepto genérico y global que afecta a estos dos conceptos (incidencia o anomalía) supone la interrupción del desarrollo normal del proceso de dispensa de productos o servicios planificado.

### 2.3. Forma

Una vez conocidas las principales incidencias y anomalías que pueden darse en el entorno empresarial, es el momento de solucionarlas para que estos incidentes no se conviertan en accidentes dentro de la actividad normal de la entidad.

La manera de atajar esa anomalía o incidencia y solucionarla, va a depender del estado en el que se manifieste.

Por regla general, la solución va a requerir de actuaciones tendentes a dar respuesta a la demanda de la anomalía, y van a depender en gran medida del hecho concreto que se presente.

Por un lado, la forma en la que se presentan puede ser muy amplia, pudiendo ser resumida en tres formas principales:

- **Escritas:** a través de comunicaciones escritas, bien física o digitalmente, de los clientes hacia la entidad. Por ejemplo, un *e-mail* de un cliente en el que manifiesta su desconocimiento del acceso a una función que presenta un servicio o producto.
- **Verbales:** son las más habituales, pues se dan en el momento del acto de consumo, en conversación cara a cara entre las partes, ya sea en el

momento de la compra o no. Por ejemplo, un cliente que vuelve a un establecimiento porque la estantería que compró no lleva todos los tornillos necesarios. En este caso es una comunicación verbal después del acto de compra.

■ **Tácitas:** son aquellas anomalías o incidencias que se detectan por la mera observación del proceso empresarial, no es necesario que exista comunicación del hecho. Por ejemplo, un cocinero de un restaurante que se queda sin aceite en plena hora de las comidas, nadie le comunica la incidencia, pero él se percata de que no puede continuar su proceso de trabajo porque le falta un ingrediente fundamental.

El tratamiento y la resolución de este tipo de incidencias, va a estar muy relacionada con la forma en la que se manifiestan.

En el caso de las incidencias escritas suelen ser tratadas de forma escrita, pues el cliente–consumidor es el que elige el canal de comunicación, ya sea por comodidad, o por otros condicionantes como la distancia, el acceso a medios de comunicación, etc.

De igual forma, para su tratamiento, suelen darse las siguientes posibilidades a la hora de gestionar una incidencia o anomalía y solucionarla:

1. **No requieren de plazos ni acciones adicionales:** estas son las paralizaciones del proceso que se ocasionan porque el cliente desconoce algún hecho o particularidad de la transacción que se resuelve con el diálogo y que no es necesaria ninguna acción adicional.

2. **Requieren de acciones adicionales:** son las incidencias o anomalías cuya solución va a depender de la realización de nuevas acciones tendentes a dar solución al problema y continuidad al proceso de consumo. Estas acciones se pueden desarrollar en el mismo momento que se conocen o necesitar de plazos adicionales para su solución.

Sabía que...

Un elevado porcentaje de consultas recibidas por los departamentos técnicos de electrodomésticos podrían ser evitadas si los consumidores leyeran adecuadamente los manuales de instrucciones antes de usar el producto.

 Aplicación práctica

**José requiere de la empresa donde ha comprado un pc del servicio técnico, ya que el aparato no funciona correctamente. Para ello, manda un *e-mail* y la empresa le contesta que en breve se pondrán en contacto con él para que traiga el pc para que el técnico especialista pueda solucionar la avería.**

**Comente la forma en la que se conoce y gestiona esta incidencia en el proceso de venta del pc.**

### SOLUCIÓN

La forma de comunicación es escrita a través de soporte digital (correo electrónico) y el tratamiento requiere de acciones adicionales para su solución (intervención de servicio técnico) y a la vez se dan en un plazo en el tiempo, no son realizadas en el momento de conocimiento de la incidencia.

No existe una legislación específica para el tratamiento de este tipo de acciones, tanto por la variedad de características que pueden presentar, como por lo específico de las soluciones que han de ser dadas a cada cliente.

En afán de protección al consumidor, el Real Decreto Legislativo 1/2007, de 16 de noviembre, por el que se aprueba el texto refundido de la Ley General para la Defensa de los Consumidores y Usuarios y otras leyes complementarias, establece que cada empresa debe dejar un plazo para la prueba de las funciones básicas del producto adquirido, así como un plazo general de 2 años como mínimo para la solución de posibles problemas relacionados con el uso del elemento adquirido.

## Actividades

5. Compare entre las formas de conocimiento de anomalías o incidencias escritas o verbales con las tácitas.
6. Ponga un ejemplo de tratamiento de anomalías que no requiera acciones adicionales.

## 2.4. Plazos

Otro de los aspectos a tener en cuenta a la hora de afrontar el tratamiento de las incidencias o anomalías en las entidades, es la necesidad de establecer unos plazos para su solución.

Como se ha comentado en el apartado anterior, no existe un plazo legalmente establecido para la resolución de las incidencias o anomalías en el desarrollo de la actividad productiva, además de lo establecido por la Ley de Garantías.

Si bien es cierto, las empresas o entidades que presentan en sus archivos un número reducido de incidencias y anomalías son poseedoras de eficaces sistemas de calidad, puesto como resultado último, la existencia de anomalías e incidencias es síntoma de una mala planificación y gestión de una entidad.

Pero en este punto, se puede dar un paso más allá, e incluso de mayor importancia que la propia existencia de incidencias y anomalías: la capacidad y rapidez de solución.

El dinamismo del mercado actual hace que el desarrollo de la actividad productiva lleve consigo un alto riesgo de error de planificación, demostrado en un mayor número de anomalías.

En cambio, una empresa con alta capacidad de respuesta y solución de estas paralizaciones del proceso normal, será más eficaz en su gestión, que otra empresa que someta a los clientes a largas esperas y demoras en la presentación de soluciones.

## 3. Procedimientos de control del servicio

A la hora de gestionar todas estas acciones, cada entidad debe definir un protocolo de actuación donde desarrolle las acciones pertinentes a la medida, evaluación y control de los rasgos que caracterizan la calidad de su servicio.

La norma internacional, la familia ISO 9000, encargada del desarrollo, evaluación y control de la calidad, como se indicó anteriormente, establece tres puntos para la manifestación de la calidad en un servicio:

1. Satisfacción del cliente
2. Aumento de la cuota de mercado
3. Mejora continua

Las tres vertientes están relacionadas de manera que la idoneidad del servicio responderá al avance y progresión de las tres, en el momento que una de ellas no evolucione a la par que las demás, será el momento de establecer medidas de control.

 Sabía que...

Las normas ISO 9000, referentes al tratamiento internacional de la calidad empresarial, recogen el contenido mínimo, las guías, herramientas y métodos necesarios para la implantación, evaluación y auditoria de calidad empresarial en pro de la mejora continua.

## 3.1. Parámetros de control

Los parámetros de control son aquellas variables que describen los requerimientos básicos de un producto o servicio en relación a las características del mercado, es decir, los aspectos importantes que son valorados por el cliente en el momento del consumo.

Dicho esto, se introduce el concepto de mercado como factor condicionante de los parámetros de control de una empresa, y serán aquellos que definan la conjunción de ambas circunstancias producto o servicio y mercado.

 **Ejemplo**

Un chaquetón es valorado por las personas de Almería como un elemento más estético, de complemento, puesto que la temperatura de algunos puntos no baja de los 8 grados. En cambio, en Vigo, los clientes valoran además de la estética que sea abrigo, impermeable, etc., pues el clima del norte de nuestro país condiciona la necesidad de los ciudadanos de usar esta prenda de vestir diariamente durante varios meses al año.

Así pues, se puede concretar el concepto de parámetro de control de calidad como aquella especificación que debe poseer un servicio o producto para que sea acorde con las exigencias del mercado.

Las entidades, y más concretamente las empresas, barajan unos límites de trabajo que contemplan los niveles mínimos y máximos donde pueden operar cada parámetro de calidad.

Haciendo referencia a la norma internacional de control de calidad ISO 9000, destacan como parámetros de control:

1. Calidad de diseño: son los aspectos percibidos externamente a través del producto o servicio tales como material, composición, exposición, etc., pero bajo la perspectiva planificada.

2. Calidad de conformidad: es la medida por la cual un producto o servicio se adapta a lo planificado, es decir, a la Calidad del diseño.

3. Calidad de uso: aquí se enmarcan los factores relacionados con manipulación, ejecución, consumo, etc., según su grado de seguridad, facilidad de uso, prestaciones, información, etc.

 **Aplicación práctica**

Marina, tras su larga estancia en China haciendo un Máster, ha vuelto a España y ha emprendido una actividad por cuenta propia de confección y venta de pendientes y otra bisutería con material reciclado.

En sus bocetos se diseñan productos con costuras perfectas y broches de notable sencillez para poner y quitar, sin duda, sus diseños son sobresalientes.

A la hora de sacar las primeras unidades, se da cuenta que los broches quedan atascados y las costuras dejan algún que otro hilo suelto.

Eso sí, el trato de Marina hacia sus clientes es impecable, tanto en atención, como en información, como en resolución de problemas presentados.

Identifique los parámetros de calidad

**SOLUCIÓN**

1. Calidad de diseño: es sobresaliente porque el diseño de los productos es perfecto y el servicio impecable.

2. Calidad de conformidad: en este aspecto el negocio no es favorable, puesto que hay diferencias negativas entre lo planificado y lo obtenido realmente en el producto.

3. Calidad de uso: este parámetro también es negativo, puesto que la facilidad de uso no es acorde a lo planificado, puesto que presenta dificultades en los broches.

## 3.2. Técnicas de control

Una técnica de control de calidad es el procedimiento, herramienta o actuación que una entidad realiza para evaluar el estado y evolución de los factores que conforman la calidad de sus productos.

La variedad empresarial hace que sea cada empresa la que tenga la libertad de definir esas herramientas que le permitan, de manera personalizada, valorar las actuaciones organizacionales en materia de calidad.

Existen una serie de herramientas que conforman técnicas de control comúnmente utilizadas, estas son las siguientes:

- **Hojas de control/Registro:** son documentos de recogida de información, tanto cualitativa como cuantitativa, fruto de la observación de un determinado factor de calidad.
- **Gráficos:** donde se plasman los datos, tanto los reales observados como la comparación con los planificados. A este apartado se detallará un capítulo específico en este capítulo.
- **Encuestas:** donde a través de un cuestionario se obtengan los datos necesarios respecto a los factores a evaluar. Las encuestas pueden ser estructuradas (preguntas con respuestas a través de opciones predefinidas) o no estructuradas (libertad de respuesta para el encuestado).
- **Entrevista:** donde existe una comunicación abierta entre entrevistador y entrevistado, y es el primero el que saca conclusiones y las tipifica para su estudio y análisis.
- **Diagrama de Flujo:** se trata de una exposición gráfica de determinados actividades que conforman procesos de acuerdo a una secuencia esperada y planificada.

Ejemplo de diagrama de flujo

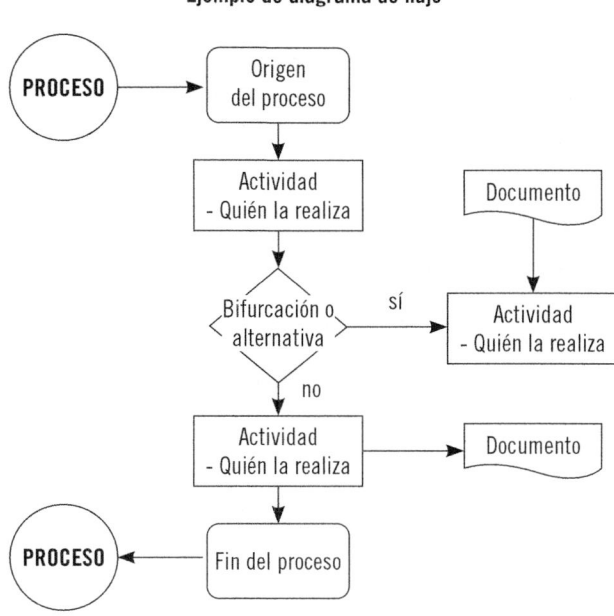

- **Diagrama causa-efecto / Diagrama causal:** es una representación gráfica de un determinado problema como resultado de varias causas. La identificación de cada una de esas causas y su análisis en la intensidad del problema permitirá mejorar el estudio y control del mismo.

Ejemplo de Diagrama de causa-efecto o Diagrama Causal

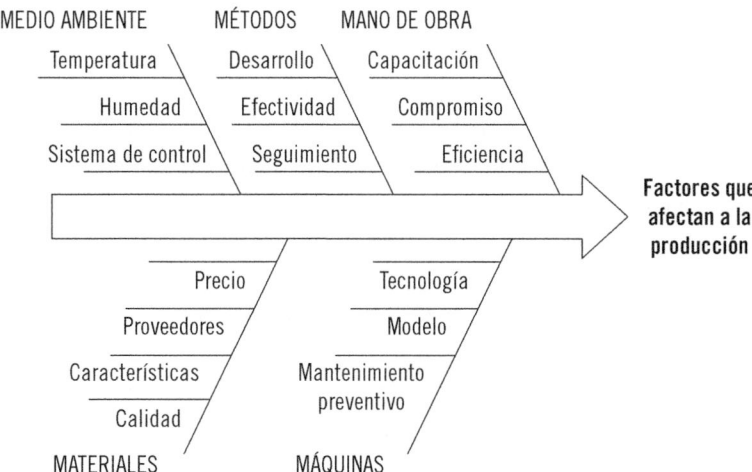

Estas herramientas van a servir de ayuda para la evaluación y valoración de calidad, van a permitir, no solo ver el nivel de calidad alcanzado, sino también el punto crítico donde se producen diferencias entre lo realizado y lo planificado.

 **Actividades**

7. Realice un diagrama de flujo para una pastelería que elabora tartas donde hay un pastelero que hace la tarta y otro que la decora con imágenes aportadas por los clientes.

## 4. Indicadores de calidad

La calidad refleja el buen hacer de un negocio o actividad pero, ¿cuándo se puede decir que algo es de calidad? ¿Cuáles son los elementos que informan del nivel de calidad?

En este apartado, se va a entrar en el detalle de aquellos elementos que van a informar de los niveles de calidad de un determinado proceso, actividad, producto, servicio u organización en general.

Así, se definen los indicadores de calidad como aquellas herramientas o instrumentos de medida, basados en una tabla de valoración para cada uno, definida de antemano, que permitirán su seguimiento y control, así como comparación en distintos intervalos de medida para ver la evolución de los mismos con la finalidad de establecer acciones que hagan de la mejora continua de los mismos la característica básica.

### 4.1. Características de los indicadores de calidad

Los indicadores de calidad serán propios de cada entidad y definidos en función a los elementos que suponen satisfacción para el consumidor final.

Si bien es cierto, para su correcta definición se han de cumplir las siguientes características:

- **Medible:** para que cumpla su función, cada indicador debe poseer un número determinado de elementos que permitan ser medidos en un momento determinado. Por ejemplo, número de personas que utilizan el punto de información turística de un hotel.
- **Claridad:** de manera que no den lugar a interpretaciones ni medidas erróneas, siendo determinante el valor expresado por los mismos. Por ejemplo, una frutería va a medir la proporción de cajas de naranjas que deshecha por estar en malas condiciones, cada empleado le pasa el número de kg que ha apartado para la basura en su turno. Si uno de ellos indica que ha tirado a la basura dos cajas, ese dato no es claro ni comparable, pues se está hablando de kg y no existe certeza de los kg que tiene cada caja, ni de si todas las cajas tienen los mismos kg.
- **Objetividad:** evitando subjetividades e interpretaciones de la persona encargada de su estudio. Deben estar basados en aspectos claros, concretos y definidos. Por ejemplo, en un restaurante, un encargado pretende medir la satisfacción del cliente con el número de propinas diarias, este hecho refleja una falta de objetividad porque un cliente no siempre muestra su satisfacción con dinero, puede estar satisfecho, no dejar propina, y volver al restaurante, recomendárselo a sus amigos, etc.
- **Oportunidad:** los datos mostrados por el indicador deben tener utilidad real en el tiempo para la evaluación de la calidad, es decir, la información que suministran debe estar disponible en el momento en el que es necesaria. Por ejemplo, una academia que imparte un curso, debe poseer los resultados de la valoración de los alumnos del curso anterior, antes de realizar la programación del nuevo curso, esa misma información, después de la programación, carece de utilidad.
- **Economicidad:** el coste de la posesión y mantenimiento del indicador no ha de ser superior al coste que supone para la entidad, puesto que si esto es así, la eficiencia de la entidad es regresiva. Por ejemplo, una empresa de lavado de vehículos posee un sistema de cámaras de seguridad que le supone un coste anual superior al que le supondría tener un puesto de vigilancia humana en sus instalaciones.

Por otra parte, los indicadores de calidad pueden ser de varios tipos, considerándose los más importantes los que se detallan a continuación:

En función de la cobertura de los indicadores, se plantean dos tipos claramente definidos:

- **Generales:** cuando van referidos a la globalidad de un servicio o entidad, por ejemplo, número de clientes que vuelven a la empresa una vez realizada la primera compra.
- **Específicos:** son aquellos indicadores que miden la calidad en una actividad o proceso determinado. Por ejemplo, en una cafetería, el número de quejas de los clientes relativas a la presentación y consumo de las tostadas.

Los indicadores específicos forman parte de los indicadores globales, de manera que un indicador global será más exitoso cuanto mayor sean los éxitos de sus indicadores específicos.

Atendiendo a la característica que pretenden evaluar, se consideran tres tipos de indicadores:

- **Indicadores de Conformidad:** son los que miden el grado de cumplimiento de una actividad o proceso en función a la planificación previa de estándares. Por ejemplo, elaboración de productos con determinadas prestaciones e imagen.
- **Indicadores de Servicio:** en este caso se pretende medir otra serie de aspectos no planificados pero entendidos en la cultura empresarial, tales como amabilidad y preparación del personal, confort de las instalaciones, etc.
- **Indicadores de Satisfacción:** que son los que miden el grado de calidad percibido por el cliente, que no siempre coincide con el presentado por el producto o servicio consumido.

 **Actividades**

8. Ponga un ejemplo de indicadores de servicio en una agencia matrimonial.

9. ¿Son necesarios siempre los indicadores de conformidad? Razone su respuesta.

## 4.2. El Sistema de Indicadores

La suma total de los indicadores de una entidad determinada, así como la interrelación entre ellos va a conformar el Sistema de Indicadores de calidad; sistema que va a constituir una herramienta efectiva para el estudio y análisis de la calidad total de la organización.

De esta manera, los indicadores de calidad que conforman el sistema van a condicionar el funcionamiento de la empresa o entidad a través de la implicación de la dirección en el establecimiento de acciones globales de cada sección o departamento.

Es muy importante resaltar la idea de que un sistema con muchos indicadores pierde eficiencia y dinamismo en su gestión, por este motivo, se han de seleccionar los mejores indicadores que conformarán el Sistema de Indicadores de Calidad.

El criterio o criterios de selección de los indicadores que va a llevar a cabo cada entidad se va a basar en los siguientes aspectos:

■ Indicadores que midan procesos claves de la actividad serán más relevantes que otros que solo cubran actividades secundarias.

■ Los indicadores referidos a actividades que presentan debilidades para la empresa, o presenten un especial interés de seguimiento, tendrán un carácter prioritario.

## 5. Evaluación y control del servicio

Una vez establecidos los indicadores de calidad, a través de un sistema perfectamente interrelacionado, es el momento de pasar a su análisis y seguimiento, para ello, es muy importante la evaluación y control de los mismos, para el estudio de la Calidad Total de la entidad.

Se habla de evaluación en la toma de datos referente a los indicadores de calidad para su comparación con los estándares planificados, de manera que se aprecie si se está cumpliendo o no el nivel de expectativas empresariales en este campo.

Las medidas encaminadas a corregir las divergencias entre los resultados planificados y los realmente obtenidos, se conforman bajo el control de la calidad, de manera, que la observación de las diferencias pueda ayudar a la gestión empresarial a establecer medidas que corrijan las deficiencias evitando problemas mayores.

### 5.1. Métodos de evaluación

Los métodos de evaluación de la calidad de los productos, servicios, actividades, procesos y entidades, son mecanismos prefijados cuyo funcionamiento consiste en la obtención de información de los indicadores de calidad, ordenación y análisis para la comparación con los resultados esperados, dando como resultado final, el nivel de calidad del campo estudiado.

La diversidad de actividades y formas de las entidades, hace que sean muy numerosos los métodos empleados para la evaluación, puesto que la utilidad de estos métodos será mayor, cuanto más adaptados a la situación concreta que se pretenda estudiar.

De esta forma, estos métodos han de estar caracterizados por los siguientes factores:

1. **Funcionalidad:** cada método debe responder a una utilidad empresarial para la cual han sido elaborados.

2. **Objetividad:** estos métodos no deben exponer a subjetividad por parte de las personas encargados de llevarlos a cabo, por dar lugar a interpretaciones respecto a determinados aspectos.
3. **Simplicidad:** cuanto más simple sea un modelo, mayor será la facilidad de uso y obtención de conclusiones al respecto de la información que presenta.
4. **Flexibilidad:** el dinamismo del mercado hace necesario prescindir de modelos rígidos sin capacidad de adaptación a nuevas acciones.
5. **Economicidad:** al encontrarse en el seno de la actividad empresarial, es evidente que el coste que debe suponer para la entidad el modelo no puede superar los beneficios que reporte su uso.

Teniendo en cuenta estos aspectos, unido a la definición de los indicadores de calidad que cada entidad considere relevantes para su análisis, se procederá al diseño de un método de evaluación adaptado a la empresa.

 **Aplicación práctica**

**Mery ha montado una academia de Matemáticas. Para evaluar la calidad ha creado encuestas que miden el grado de satisfacción con la atención recibida, cada tres meses hace exámenes para ver cómo evolucionan los alumnos y regularmente se reúne con cada uno de los alumnos para ver lo que puede mejorar de su servicio.**

**Indique los métodos de evaluación de la calidad empleados en la academia.**

**SOLUCIÓN**

Los indicadores son:

I Encuestas a los alumnos: para valorar la atención al cliente percibida.
I Pruebas de nivel: para valorar de manera objetiva el progreso de los alumnos con el servicio de enseñanza privada.
I Entrevistas: donde habla de manera personalizada con cada alumno para una evaluación global del servicio prestado.

## Principales modelos de Evaluación

Uno de los modelos más extendidos a la hora de evaluar la calidad de un servicio es el Modelo SERVQUAL de Parusaraman, Zeithaml, y Berry (1985,1988).

### Modelo SERVQUAL

Este modelo basa la calidad del servicio en la diferencia existente entre lo que esperan los clientes o consumidores de un servicio y lo que realmente reciben una vez consumido.

Esta evaluación del servicio será más positiva cuanto más unidas estén ambas percepciones: esperada y recibida.

El desarrollo del modelo se basa en un cuestionario (cuestionario SERVQUAL) realizado en base a 22 puntos resumidos en 5 dimensiones:

1. **Elementos tangibles:** que reflejan la apariencia del producto, instalaciones, equipos, maquinaria, etc.
2. **Fiabilidad:** relacionada con la habilidad del equipo humano en el momento de realizar el consumo.
3. **Capacidad de respuesta:** esta dimensión se relaciona con la rapidez y eficiencia ante necesidades de los clientes.
4. **Seguridad:** profesionalidad, rigor y convencimiento del personal que oferta el producto o servicio al consumidor o usuario.
5. **Empatía:** trato recibido por el cliente a la hora de solucionar problemas o resolver conflictos.

Por otro lado, el cuestionario distingue tres secciones donde se diferencian los distintos niveles evaluados:

- **Sección 1:** recoge las expectativas de los clientes sobre el servicio que van a recibir.
- **Sección 2:** indica la percepción de los clientes al respecto del hecho que efectivamente ha experimentado.

▪ **Sección 3:** donde se expresa de forma concreta, la evaluación que los clientes hacen del servicio evaluado.

## 5.2. Medidas correctoras

Según la traducción oficial al español de la ISO 9001:2008, en su apartado 8 destinado a la medición, análisis y mejora se expone que será la organización la que debe elaborar los procesos de seguimiento, medición, análisis y mejora necesarios con el objetivo de confirmar que los productos/servicios responden a las condiciones previstas a la vez que su Sistema de Gestión de Calidad cumple las funciones para el que ha sido creado.

Pues bien, entre estas acciones propuestas por la normalización internacional se encuentra el establecimiento de medidas correctoras sobre aquellos niveles de medida de los indicadores que no llegan a los mínimos establecidos por el Sistema de Gestión de Calidad, o están fuera de las pautas de comportamiento del indicador.

 Sabía que...

Un Sistema de Gestión de la Calidad es el conjunto de  actividades coordinadas entre sí y con la cultura de la organización con el objetivo de poseer los productos o servicios que proporcionen una alta satisfacción al cliente, que permitan la ampliación de la cuota de mercado y la mejora continua de la organización.

En el apartado relativo al control de las salidas no conformes, la ISO 9001 afirma que:

*La organización debe tratar las salidas no conformes de una o más de las siguientes maneras:*

*a. Corrección;*

*b. separación, contención, devolución o suspensión de provisión de productos y servicios; información al cliente;*

*c. obtención de autorización para su aceptación bajo concesión.*

*Por otra parte, la organización debe conservar aquella información documentada en la que se describa la no conformidad, las acciones tomadas y las concesiones obtenidas, y se identifique la autoridad que decide la acción con respecto a la no conformidad.*

Una vez que la no conformidad queda solucionada, el producto debe someterse a una nueva revisión que verifique que cumple los preceptos marcados por el Sistema de Gestión de Calidad.

 **Actividades**

10. Un producto que se estropea a los 3 meses de la compra, ¿demuestra una mala calidad siempre?
11. Si una empresa no informa del protocolo de reparación de un aparato estropeado bajo garantía, ¿posee un servicio posventa de calidad? Razone su respuesta.

## 6. Análisis estadístico

Se habla de estadística para referirse a una ciencia formal que tiene como función principal la recopilación, ordenación, análisis y representación de la información objeto del estudio concreto.

Para tal cuestión, es necesario que exista una población, de donde, tomando una muestra, se obtenga esa información.

**Población**

Se llama población al conjunto de individuos totales que comparten el rasgo que se pretende estudiar estadísticamente. Por ejemplo, si queremos ver el porcentaje de hombres que usan gafas en Europa, la población sería toda la población masculina europea.

**Muestra**

Debido a la imposibilidad de estudiar un campo tan amplio como puede llegar a ser la población, la muestra es una parte representativa de la población, es decir, un segmento pequeño de la población que representa las características de la globalidad. En el ejemplo, anterior una muestra podría ser 100 ciudadanos de cada país europeo.

**Principales elementos de representación**

La estadística se nutre de un amplio abanico de formas de representación que permite clarificar la exposición de los datos para facilitar su análisis.

Entre las representaciones más destacadas se pueden distinguir las siguientes:

- **Histograma:** representación a través de barras unidas entre sí de datos relativos a intervalos.

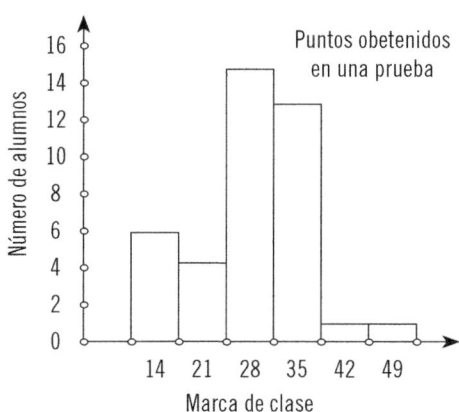

■ **Diagrama de Barras:** representación a través de barras de datos relativos a hitos concretos.

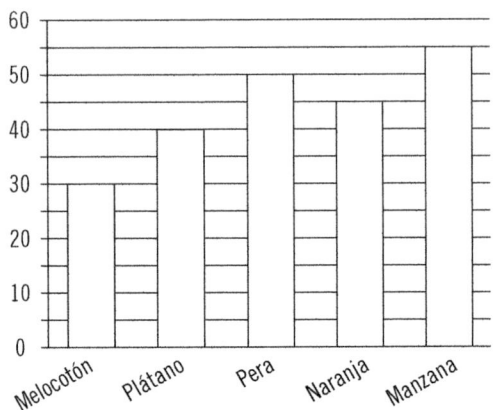

■ **Diagrama de Pareto/Curva cerrada/Distribución A-B-C:** se trata de la representación gráfica que organiza los datos en orden descendente, de izquierda a derecha y representados por barras. De esta manera, la representación da información de un orden de prioridades.

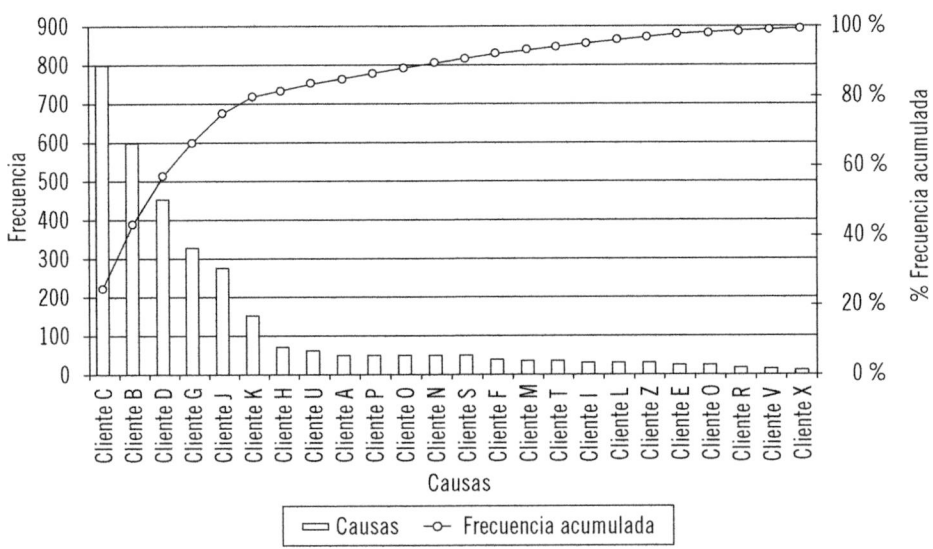

**Utilidad de la Estadística en materia de calidad**

Como norma general, la estadística es una herramienta fundamental para ayudar a la toma de decisiones en base a la interpretación de los datos ordenados y representados de una materia determinada, ayudando así a la investigación técnica a través de medidas, evoluciones y tendencias de los datos estudiados.

En materia de calidad, la utilidad de la estadística es muy variada, desde la observación de valores reales respecto a los planificados, hasta el estudio de tendencias de ciertas variables.

 Ejemplo

A continuación se van a representar los valores planificados y reales de 7 variables (A, B, C, D, E, F, G) correspondientes cada una de ellas con un indicador de calidad determinado.

**Comparación estadística de los datos de variables reales en función de las planificadas**

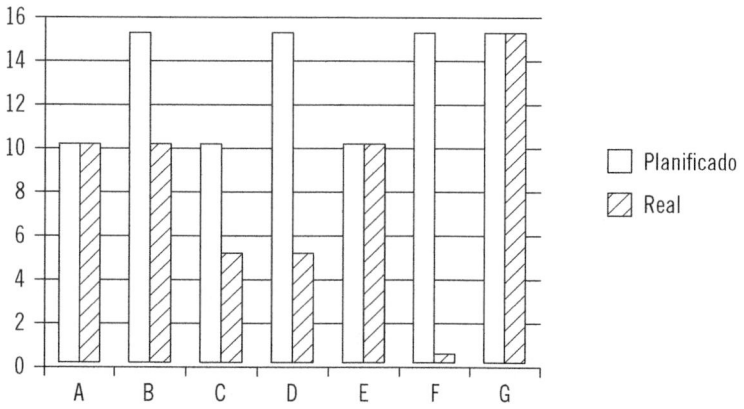

Como se aprecia en la figura, las barras azules representan los valores planificados para cada variable mientras las barras de color rojo representan los valores realmente alcanzados.

## Interpretación a través de la observación

Es la utilidad principal de la estadística, puesto que, en base a los datos observados y previamente ordenado, se puede describir una situación de forma objetiva y enumerar afirmaciones claras y concretas.

 **Ejemplo**

En el gráfico anterior, se pueden ver cómo los indicadores de calidad A, E y G han cubierto su objetivo, coincidiendo el valor real con el observado. A su vez, las variables B, C, no han llegado a los niveles previstos, mientras que la F representa una comparación alarmante al no haber experimentado valor alguno en relación a lo previsto.

A raíz de la comparación y análisis de estadísticos, se pueden realizar controles sobre las variables que representan los indicadores de calidad, y establecer medidas correctoras para evitar que estos desajustes se mantengan o amplíen.

De tal exposición, se puede resaltar la utilidad de la estadística en los siguientes puntos:

- Ordenación cronológica de los datos.
- Secuenciación de los mismos.
- Seguimiento de evolución de los indicadores que representan.
- Estudio de tendencias según la evolución.
- Registro y archivo en el histórico de la empresa para acceso a consultas.

Sin duda alguna, será cada entidad la que añada o priorice determinados aspectos de la utilidad estadística para la gestión de la calidad, pero no es posible llevar un buen Sistema de Gestión de Calidad, sin hacer uso de esta ciencia matemática.

**Aplicación legal de la estadística a la calidad**

De acuerdo a la normativa internacional en materia de calidad (ISO 9001), en su apartado 9.13 dedica especial atención al análisis y evaluación de los datos surgidos por el seguimiento y la mediación.

Esta norma determina la idoneidad de que "la organización debe determinar, recopilar y analizar los datos apropiados para demostrar la idoneidad y la eficacia del sistema de gestión de la calidad y para evaluar dónde puede realizarse la mejora continua de la eficacia del sistema de gestión de la calidad".

A este aspecto confiere la inclusión de los datos generados del resultado de las mediciones y análisis y cualquier otro que fuera de importancia para el estudio de la calidad empresarial.

En la normativa, queda reflejado que el análisis de datos debe proporcionar información sobre:

- Satisfacción del cliente.
- Requisitos del producto.
- Características de los procesos y productos.
- Tendencias de los procesos y productos.
- Oportunidades para llevar a cabo acciones preventivas.
- Los proveedores.

En resumen, una empresa o entidad que pretende ser competitiva, ha de ser puntera en calidad, y para ello debe considerar los indicadores de calidad que le afecten y llevar un registro y seguimiento de su evolución para trabajar siempre en vistas a la mejora continua y la satisfacción del cliente.

 **Actividades**

12. Explique la utilidad principal de la estadística como ciencia de ayuda a la mejora de la calidad.
13. Diferencie entre Histograma y Diagrama de Barras.

## 7. Resumen

Una vez más, la Calidad se impone como premisa de éxito social y empresarial, no solo por la tendencia del mercado actual, sino por la serie de ventajas que conlleva para el tejido empresarial y la sociedad en general.

La calidad en la empresa tiene como fines últimos la Satisfacción del Cliente, la amplitud de cuota de mercado y la mejora continua, por esta razón, la materia de atención a consumidores y usuarios debe dar un lugar prioritario a esta materia en su estudio.

La aplicación de la calidad a las entidades no se refleja a través de un proceso uniforme, sino que se configura a través de grandes dotes de subjetivación de actividades en función de los indicadores de calidad, que no son otros que las variables que cada empresa identifica como hitos informadores de la eficiencia en su gestión.

El estudio de los indicadores de calidad, del control de los mismos y de las medidas correctoras establecidas, hace necesario ordenar, clasificar, analizar y evaluar la información, para lo que se echa mano de la estadística, la ciencia matemática que trabaja con datos numéricos para exposiciones gráficas de realidades empresariales y sociales.

Hoy en día, es imposible entender un ente con actividad empresarial, sea o no con ánimo de lucro, sin que conciba la Calidad Total como la base del progreso y el éxito en el mercado actual y lo que es más importante, el mercado futuro.

Ejercicios de repaso y autoevaluación

1. **Complete los huecos con algunas de las palabras que se indican abajo para que los párrafos tengan sentido.**

   a. Se entiende _____ como el estado y rasgos de un producto, servicio o _____ que lo hace digno de una solidez, confianza y seguridad en su _____ por parte del consumidor o _____.

   PROCESO - CALIDAD - SERVICIO - CONSUMO – ESTADO - USUARIO

   b. Los Indicadores de Calidad _____: relacionados con la actuación del _____ de la entidad tanto a nivel _____ (cliente) como _____ (relación con los compañeros).

   RENTABLES - TÉCNICOS - EXTERNO - PRIMARIO - HUMANOS - INTERNO - PERSONAL

   c. La Calidad de _____ se refiere son los aspectos percibidos _____ _____ del _____ tales como material, composición, exposición, etc. pero bajo la perspectiva _____.

   DISEÑADOR - PLANIFICADA - INTERNAMENTE - EXTERNAMENTE - PRODUCTO O SERVICIO - DISEÑO

2. **¿Cuál no es un parámetro de control?**

   a. Calidad de Diseño.
   b. Calidad de Forma.
   c. Calidad de Conformidad.
   d. Calidad de Uso.

3. **Son documentos de recogida de información tanto cualitativa como cuantitativa fruto de la observación de un determinado factor de calidad.**

   a. Hojas de Control
   b. Hojas de Evaluación

    c. Hojas de Registro

    d. Las opciones a y c son correctas.

4. **La suma total de los indicadores de calidad de una entidad determinada se conoce como...**

    a. ... el Sistema de Indicadores de Calidad.

    b. ... el conjunto de indicadores de Calidad.

    c. ... el Sistema de Gestión de Calidad.

    d. Las opciones a y c son correctas.

5. **El Modelo SERVQUAL es...**

    a. ... un modelo de indicador de calidad.

    b. ... un modelo de evaluación de calidad.

    c. ... un modelo de entidad evaluadora.

    d. Todas las opciones son incorrectas.

6. **Un histograma representa valores para...**

    a. ... datos cualitativos solamente.

    b. ... datos en valores concretos.

    c. ... datos para intervalos.

    d. Todas las opciones son incorrectas.

7. **Indique lo que se conoce en estadística como "muestra".**

_____

_____

_____

_____

8. Según la normativa ISO, ¿qué información debe proporcionar el análisis de datos en materia de calidad?

_____

_____

_____

_____

_____

_____

_____

9. Indique las finalidades de la Calidad.

_____

_____

_____

_____

_____

_____

_____

10. Indique tres tipos de Indicadores de Calidad.

_____

_____

_____

_____

_____

_____

_____

11. Indique la utilidad de las encuestas como técnica de control.

_____

_____

_____

_____

12. **Relacione un elemento de cada columna para que las cuatro relaciones tengan sentido.**

      a. Diagrama...
      b. Técnica de control
      c. Indicador...
      d. Incidencia...

      __ ... de calidad.
      __ ... de flujo.
      __ ... anomalía.
      __ ... entrevista.

13. **Indique verdadero o falso en las siguientes afirmaciones.**

      a. Se conoce como incidencia el hecho irregular que supone una paralización temporal del proceso de consumo y que sus consecuencias no revisten gravedad debido a su escasa repercusión en la marcha de la empresa.

          ☐ Verdadero
          ☐ Falso

      b. Los indicadores de Calidad específicos son los que van referidos a la globalidad de un servicio o entidad, por ejemplo, número de clientes que vuelven a la empresa una vez realizada la primera compra.

          ☐ Verdadero
          ☐ Falso

      c. Las medidas encaminadas a corregir las divergencias entre los resultados planificados y los realmente obtenidos, se conforman bajo el control de la calidad de manera que la observación de las diferencias pueda ayudar a la gestión empresarial a establecer medidas que corrijan las deficiencias evitando problemas mayores.

          ☐ Verdadero
          ☐ Falso

14. Complete la figura con respectos a las características de los Indicadores de Calidad.

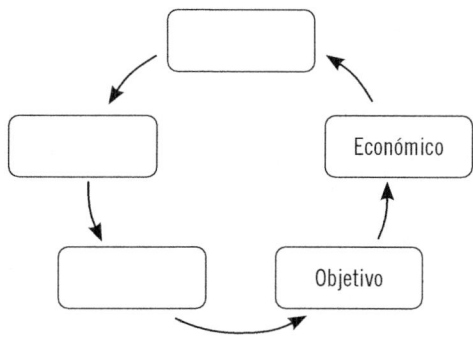

15. Localice los siguientes términos en la Sopa de Letras.

a. Se realiza para detectar errores en la estimación: _____
b. En las organizaciones se dice que es "total": _____
c. Lo es el de Flujo y el de Barras: _____
d. Muestra niveles de calidad en determinada variable: _____
e. Lo que se realiza para ver el nivel alcanzado por los indicadores de calidad: _____
f. La calidad la considera siempre "Continua": _____
g. Lo son, cuando no se afectan por apreciaciones de la persona que los observa: _____
h. Diagrama que organiza los datos en orden descendente: _____
i. Característica de la empresa de calidad. Seguridad en la base: _____

| C | O | N | T | R | O | L | N | A | L | O | M |
|---|---|---|---|---|---|---|---|---|---|---|---|
| A | C | A | U | T | I | L | A | R | E | S | E |
| L | Z | J | O | U | N | F | H | B | V | N | J |
| I | S | O | L | I | D | E | Z | A | A | I | O |
| D | M | E | L | L | I | S | O | R | L | O | R |
| A | H | N | O | P | C | I | P | R | U | O | A |
| D | I | A | G | R | A | M | A | A | A | N | I |
| L | A | U | D | O | D | T | R | S | C | I | O |
| D | Z | O | I | R | O | E | E | E | I | N | N |
| C | O | N | C | I | R | I | T | C | O | O | N |
| O | B | J | E | T | I | V | O | S | N | A | A |

# Bibliografía

## Monografías

▌BAZERMAN, M. y NEALE, M.: *La Negociación Racional en un mundo Irracional.* Barcelona. Ediciones Paidós, Empresa 20, 1993.

▌BUENO, E.: *Curso básico de economía de la empresa: un enfoque de organización.* Madrid: Ediciones Pirámide, 2004.

▌CELA Trulock, J. L.: *Calidad. Qué es. Cómo hacerla.* Madrid: Gestión 2000, S. A., 1999.

▌DUTKA, Alan: *Manual de AMA para la satisfacción del cliente.* Buenos Aires: Ed. Ediciones Granica S. A., 1998.

▌GDT. *Asesoramiento Empresarial SA: Atención al Cliente.* Sevilla. Ed. Confederación de Empresarios de Andalucía, 2000.

▌KENNEDY, G., BENSON, J. y MCMILLAN, J.: *Cómo negociar con éxito.* Barcelona: Ed. Deusto, 1991.

▌MUNDUATE Jaca L. y MEDINA Díaz F. J.: *Gestión del conflicto, negociación y mediación.* Madrid: Pirámide, 2005.

▌ROSSI, J. O.: *Derecho de Consumidores y Usuarios.* Argentina: Ediciones D&D, 2017.

▌VAN-DER HOFSTADT Román, C. J.: *El libro de las habilidades de comunicación.* Madrid: Díaz de Santos, 2021.

## Legislación

▌Ley Orgánica 3/2018, de 5 de diciembre, de Protección de Datos Personales y Garantía de los Derechos Digitales.

▌Ley 39/2015, de 1 de octubre, de Procedimiento Administrativo Común de las Administraciones Públicas.

▌Ley 40 /2015, de 1 de octubre, Régimen Jurídico de Sector Público.

▌Real Decreto Legislativo 1/2007, de 16 de noviembre, por el que se aprueba el texto refundido de la Ley General para la Defensa de los Consumidores y Usuarios y otras leyes complementarias.

▌Real Decreto 713/2024, de 23 de julio, por el que se aprueba el Reglamento que regula el Sistema Arbitral de Consumo.

## Textos electrónicos, bases de datos y programas informáticos

▌Calidad Turística, de: <https://www.calidadturistica.es>.

▌Entorno de Formación abierta de la UNED, de: <https://unedcoma.es>.

▌Ministerio de Industria y Turismo, de:
<https://www.mintur.gob.es/es-es/Paginas/index.aspx>.

▌Organización Internacional de Normalización, de: <https://www.iso.org/home.html>.

▌Unión Europea (España), de: <https://european-union.europa.eu/index_es>.